恐慌からあなたの預金を守れ!!

Make a Move Fast!
Withdraw Your Savings!

浅井隆

第二海援隊

プロローグ

きっかけはコロナウイルスだったが……

当たってほしくはなかったのだが、残念ながら私の〝予測〟は的中してしまった。株が大暴落してしまったのだ。

日経平均はニューヨークダウに引きづられるように、二〇二〇年二月下旬から三月中旬にかけて七〇〇〇円も暴落するという前代未聞の状況に陥った。短期間にこれほど下がるというのはリーマン級、あるいはリーマンを超える歴史的急落といえるかもしれない。あまりに急に、しかも大きく下がり過ぎたために、その後それなりの反発あるいは一時的小康状態はくるだろうが、またしばらくして（数ヵ月だろうか）第二波がやってくる。そして、その後にリーマンを超える〝経済災害〟が襲ってくるだろう。

私は、二〇一九年の一一月初旬に『株大暴落、恐慌目前！』（第二海援隊刊）という本を出版している。あの株が上がっている時期にだ。そして、その時の日本経済新聞と毎日新聞の新聞広告には「半年から一年以内に株の大暴落がやってくる」と明言してあった。それから三ヵ月ちょっとで、本当にそれはやってきてしまった。

今回の株の暴落は、コロナウイルスがきっかけとなったが、要は株はいつ暴落してもおかしくない経済状況になっていた。つまり、きっかけは何でもよかったのだ。なにしろ、人類は今や歴史上最大最悪の二京七〇〇〇兆円もの借金をかかえ、世界中で株・不動産・美術品バブルが大発生していたのだから。

その大借金の原因こそ、あのリーマン・ショックだ。世界中の金融機関が吹き飛びそうになったのを見て、各国政府と中央銀行は下支えのために超金融緩和を断行し、金利をほぼゼロにした。中には、マイナス金利という異常事態まで発生した。これを見た人々は「借りまくれ」とばかりに企業も個人も借金をしまくった。挙げ句の果てに、貸してはいけないゾンビ企業にまでお金を貸すためのCLO（リーマンの時は不動産向けの派生商品CDO、今度は企業向けのものだ）なる怪しげな商品を作って世界中に売りさばいた。その中の最大のお客様が、邦銀というわけだ。

銀行に現金はほとんど置いてない

というわけで、私たちは本気で次にやってくる金融危機を心配した方がよい。二〇二〇年二～三月の株暴落は、これからやってくる「世界大恐慌」の第一波に過ぎない。必ず第二波、第三波がやってきて、銀行がニッチもサッチも行かなくなるトキがやってくる。

実は、私が以前から何度も言っている通り、銀行には現金はほとんど存在しない。「えっ、そんな馬鹿な⁉」とほとんどの読者は思ったに違いない。「だって、あんなにいっぱい預金を集めて持っているじゃないか」——そう思ったあなたは将来、死ぬ目に遭うだろう。

よく考えてみれば当たり前のことで、銀行は私たち預金者から集めたお金をそのまま持っていたら預金者への利息も払えないし、あの立派な本支店も維持できない。ましてや、ATMも含めた巨大システムのコストも賄えない。というわけで、銀行は預かったお金のほとんどをどこかに貸すか投資しているのだ。だから、普段全預金の一～二％くらいしか現金を持っていない。

したがって、株価が大暴落などして金融不安が巻き起これば、一瞬で破綻する可能性がある。それがリーマンの時に起こりそうになり、FRBがドルを大量に供給して凌いだ。しかし、今回は前回と違い金利の下げ余地もほとんどなく、打つ手も限られてくる。多くの人々が不安になって銀行に押しかけ事態が悪化すれば、預金が戻ってこないかもしれない。もし、中央銀行が紙幣を刷りまくって支えたとしても、今度は時間をおいて国が破産して円が紙キレとなるかもしれない。その時はもちろん、銀行閉鎖が起きる。

というわけで、そろそろあなたの預金（ゆうちょの貯金も）を一部おろしておくべき時期にきたと言ってよい。現時点ではその三分の一をおろしておくとよいだろう。ただし、その保管場所には気を付けていただきたい。不安な方は、私の他の書籍を参考にしていただきたい。こうした時期は、心配症くらいでちょうどいい。そうした人のみが生き残れるだろう。五年後に皆さんが生き残っていることを祈って、プロローグを終わりたい。

二〇二〇年四月吉日

浅井　隆

恐慌からあなたの預金を守れ‼——目次

プロローグ

第一章　実は銀行には預金の一〜二％しか現金がない

第二章　一九三〇年代、世界大恐慌で
アメリカの三分の一の銀行が潰れた

第三章　二〇〇八年リーマン・ショック時に
あなたの預金は消えるところだった

第四章　眼前に迫る金融危機

エピローグ

※注　本書では一米ドル＝一一〇円で計算しました。

第一章

実は銀行には預金の一～二%しか現金がない

銀行は現代の錬金術師

「錬金術」とは、何の変哲もないただの金属を価値がある貴重な金《きん》（ゴールド）に変化させようという術だ。中世ヨーロッパで盛んに研究された学問で、万有引力の法則で名高いアイザック・ニュートンもその術に傾倒したという。もちろん現代の常識から考えると荒唐無稽な作業であり、錬金術は成功することはなく、誰も金《きん》を作り出すことはできなかった。

ところが、現代社会を見渡してみると、人類は従来の錬金術とはまったく別のところでシステムとしてある錬金術を生み出していたのである。それは、「貨幣経済」というシステムである。

貨幣経済とは、商品のやり取りを貨幣を介して行なう経済のことだ。日本で言えば一万円札や五千円札などの紙幣、あるいは五〇〇円や一〇〇円などの硬貨を介して商品をやり取りすることを指す。

日本で一番高価な紙幣は一万円札であるが、その材質は紙である。特殊な紙であるため、一般的なコピー用紙よりははるかに高額であるが、それでも一万円札一枚あたりのコストは二二～二四円程度である。つまり、二二～二四円かけて一万円札を作り出しているのである。さらに、紙幣や硬貨の形を伴わないお金の姿がある。電子空間や帳簿上のお金で、単に数字で表示されているものだ。これに至ってはコストがゼロ、つまり一切お金をかけることなく、無の状態からお金を生みだしているのだ。これが、「現代の錬金術」である。

そして、このように作られたお金をさらに膨らませて大きくする者たちがいる。その現代の錬金術師とも言うべき存在は、本書のテーマである「銀行」だ。本章では銀行の仕組みと実態について、邦銀を例に挙げながら解説して行こう。

〝信用創造〟で預金が何倍にも

銀行は、現代の錬金術師である。それは、いかなる方法なのか。

預金者が銀行にお金を預けると利息が付き、お金が殖える。もっとも今は、金利がほとんどゼロだから、あまりお金が殖えるという感覚を持つことはできないかもしれない。大手メガバンクの円普通預金の金利を確認すると、みずほ銀行、三菱UFJ銀行、三井住友銀行、三行揃って年〇・〇〇一%である。一〇〇万円を一年間入れておいても利息はたったの一〇円である。

ただ、スズメの涙ほどではあるが、銀行は一〇円の利息を付ける必要がある。もし、お金を預かった銀行がそのまま手元に置いたままにしていたらお金は殖えるはずもない。当然利息を払うことはできない。だから、銀行はお金を置いたままにはしない。では、何をするかと言えば、これこそが銀行の役目であるが資金需要がある企業などに融資をして、利息やその他コスト、銀行の利益などを稼ぐのである。その預金と融資が連続されることで、実は最初に預け入れた金額を大きく膨らませることができる。

たとえば、A銀行に一〇〇万円の預金がされたとする。A銀行での日常的な引き出し要求が預金額の一割、つまりこの場合一〇万円ほどとわかったとすると、Ａ銀行は手元に一〇万円だけ置いておけばよいことになる。そして、残りの九割にあたる九〇万円を融資に回すのである。Ａ銀行が①会社に九〇万円を融資し、融資を受けたＸ会社はその九〇万円をＹ会社の支払いに充てたとする。Ｙ会社はそれをＢ銀行に預金するが、Ｂ銀行はＡ銀行と同じように一割を手元に残し、八一万円をＺ会社に融資する。こうして預金と融資を繰り返して行くと、理論上はＡ銀行が預かった一〇〇万円によって、その融資に関係するすべての銀行を通算して一〇〇〇万円の預金を作り出すことができる。

これがお金でお金を作る銀行の錬金術、「信用創造」と呼ぶものである。

一〇〇万円が預金と融資によって一〇〇〇万円まで膨らむというのは、騙されているような気分になるかもしれない。ただ、倍率は異なるにしろ、実際にこのような方法によって銀行内部でお金が創造されている。

それと同時に、預金と融資によって、あらゆる金融機関がチェーンのように繋がっている。この点には十分注意が必要だが、解説については後述する。

銀行の仕組みを確認した上で、実際の預金と融資の現状を確認しておこう。

二〇二〇年二月末時点で日本全国の銀行預金の総合計は、七六四兆円ある。そしてそのうちの約三分の二にあたる五〇七兆円が融資として貸し出されている。

では、残り三分の一は現金で銀行に積まれているかと言えば、もちろんそうではない。セキュリティ上それほど大量の現金をおいておくのは危ないし、銀行強盗の標的になってしまう。だからほとんどの部分は現金ではなく、電子空間上ある数字としてのお金などで、現金としては預金額のせいぜい一～二％あればよい方であろう。

あなたの預金は銀行のもの⁉

銀行というのは、かなり身近にある存在だ。普通に生活する上で、銀行を利用していない人は皆無である。日本では、銀行にお金を預けても利息はほとんど付かない。だったらすべて現金管理で銀行を使わないで済むかと言えば、現実にはそうも行かない。給与は銀行振込が一般的だし、公共料金は銀行から引

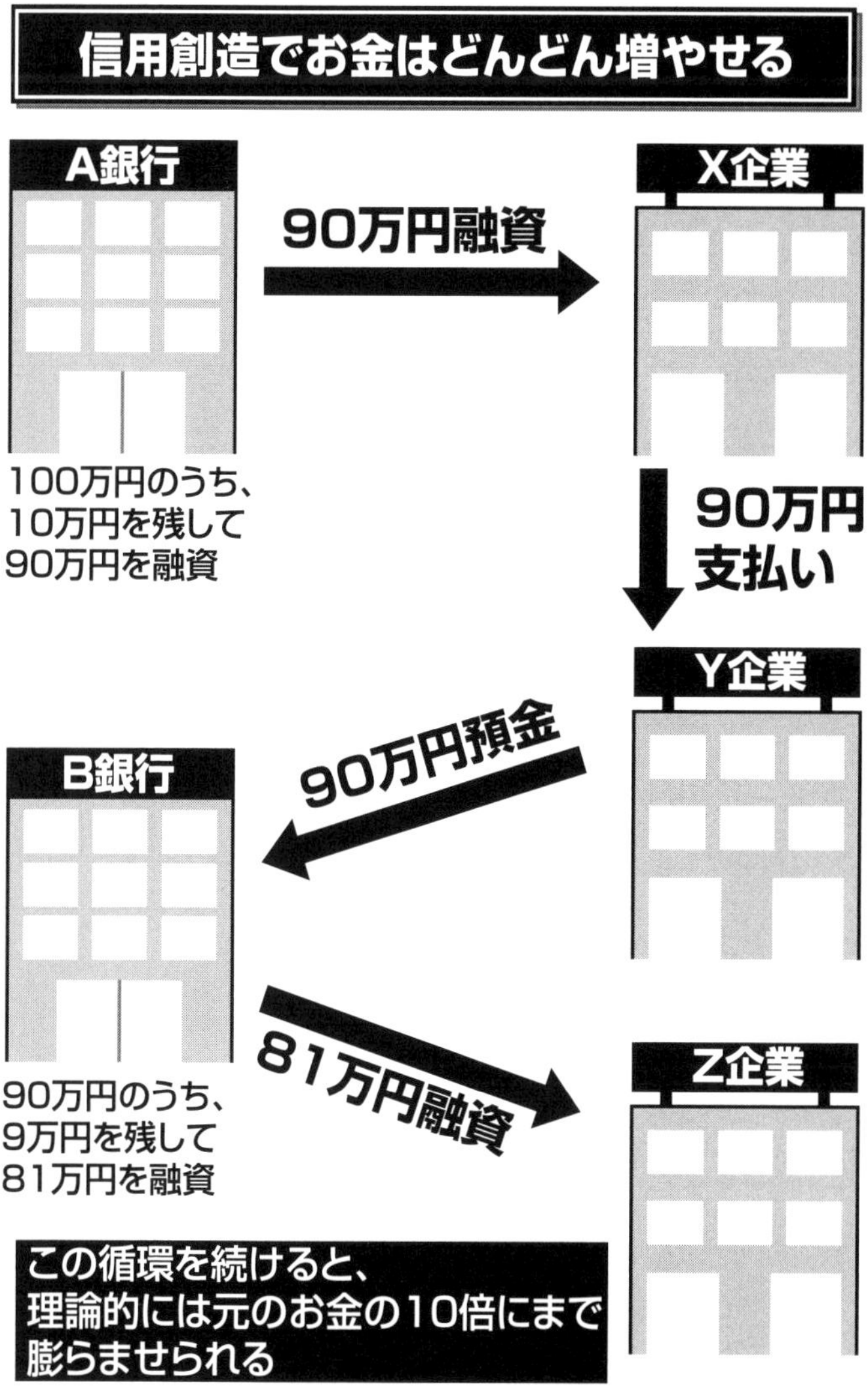
信用創造でお金はどんどん増やせる
A銀行
90万円融資
X企業
100万円のうち、
10万円を残して
90万円を融資
90万円
支払い
Y企業
B銀行
90万円預金
81万円融資
Z企業
90万円のうち、
9万円を残して
81万円を融資
この循環を続けると、
理論的には元のお金の10倍にまで
膨らませられる

き落される。お金が必要になればＡＴＭでお金を引き出したり、銀行に紐づいたクレジットカードやデビットカードで買い物をしたりする。銀行に預金を設けてまるでお財布のような位置づけで、無意識に使っていることが多い。改めて考えると、銀行預金は便利な存在である。

では突然だが、この身近な預金について、あなたは真剣に考えたことがあるだろうか。おそらくそれほど深く考えたことがない方がほとんどだろう。だから、意外と預金が持つ本質的な性質に気付いていない人が多い。その性質とは、預金は銀行にお金を貸している行為であるということだ。そして、お金を貸すわけだから、その見返りに銀行から利息を受け取るのである。

何が申し上げたいかと言えば、銀行に預けた時点で、そのお金に対する主導権があなたから銀行に移っているということである。それが証拠に、銀行がそのお金を使って企業へ融資をする時に、いちいちあなたの意思を確認することはない。銀行はあなたからの預金を勝手に自分の判断で融資する。だから極端を言えば、銀行に預けたお金はあなたのお金ではなくなり、銀行のお金になっているということである。ここをきちんと理解しておくことが、銀行とお付き合いする上で重要な点である。

「そうは言っても、お財布代わりに銀行のキャッシュカードは便利に使えるではないか。だから私に主導権がある」とあなたは反論するかもしれない。確かにその通りだ。ただ、それは銀行とそのように契約しているからに他ならない。普通預金は、いつでも引き出すことができる性質の預金で、銀行とあなたがその契約を行なっているのである。

日本は契約の文化ではないので、その点を厳密に考えることは少ない。このような契約は、平時であれば曖昧なまま扱われる。しかし、有事になるとその契約に従ってちゃんと処理されるのだから、気を付けた方がよい。預金はあくまで銀行への貸付けだから、銀行が破綻すると貸付け先が破綻するということになり、預金が戻ってこない可能性が発生するのである。

もっとも、後から説明する「ペイオフ」の制度があり、銀行が破綻しても通常の企業と同じように処理されるわけではないことを断っておこう。

他にも曖昧になっている存在として、「休眠口座」が挙げられる。実は、銀行預金は商法に照らし合わせると、自由に下ろすことができる状態で五年間ほったらかしにすると、時効で消滅しても文句が言えない存在なのだ。ちなみに信用金庫の時効成立はその倍の期間で一〇年である。

ただ、実際にこの法律が適用されて、預金を五年ほったらかしにしたことで銀行が払い出しに応じなかったという話は、まず聞かれない。日本では、一〇年ほったらかしの口座は休眠口座として扱われる。そして、一〇年経った後でも預金者からの請求があれば返済しているのである。

ところがである。過去の預金残高の有無が争われた裁判で、この時効を理由に銀行の支払い拒否を裁判所が認めたことがあるのだ。平時であれば曖昧になる部分も、有事になると契約が尊重されることが起こりうるので十分注意されたい。

日本人が持つ銀行の安全神話

あなたが知人から「お金を貸してほしい」と言われたらどうするだろう。貸す、貸さないはその人の判断によるだろうが、たとえお金を貸す場合にも本当に返ってくるかどうかが心配になるだろう。それならいっそのこと、あげてしまったことにする人もいるかもしれない。人にお金を貸すということは、それほど判断に迷う行為であり、判断が分かれる。それにも関わらず、銀行には何のためらいもなく多額のお金を貸付ける（預金をする）。これは一体、どういうことだろう。

今は少し薄れてきたかもしれないが、日本人は銀行を盲目的に信用するきらいがある。特に昔はその傾向が強く、銀行が潰れるはずはなく、就職先としても銀行に勤めれば一生が安泰と考えられていた。潰れないから、当然多額のお金を預金（貸付け）してもまったく気にする必要はなかったわけである。

このように日本人が考えていたのには、国の政策によるところが大きい。〝護送船団方式〟というやつだ。護送船団方式は、戦後からバブル崩壊後の一九九〇年代後半まで日本の銀行システムを支えた仕組みである。何隻にもなる船が、それぞれバラバラに進むのではなく、すべて速度を合わせて一緒に少しずつ進む姿からそのように名付けられた。預金金利はどの銀行も同じ、営業時間や振込手数料などすべてのサービスが同じに統一された。そのように、国が法規制などで厳しく管理していたのである。

そして、それに従う代わりに国が銀行を保護していたため、実質的に破産する銀行を出さなかったのだ。だから、当時の日本人は銀行が潰れて預金がなくなることを想定する必要がなかったのである。

しかし、すべての銀行が横並びになっていると、そこに競争は生まれない。そのため、日本だけであればよいのだが、一九八〇年代、また一九九〇年代になり、欧米の金融を巻き込んだグローバル化の流れが進んだことで銀行に競争力が求められるようになると、日本の銀行では対応できない状況が徐々に出始めた。

そこで行なわれたのが、「日本版金融ビッグバン」である。金利やサービスは横並びではなくなり、それによって護送船団方式はなくなった。ただ、それ以降も銀行が危機的状況に陥った際、国による救済（預金金額保護）は依然として続いていたが、その中で銀行破綻時の対応策が整えられ始めた。一金融機関につき一預金者あたり一〇〇〇万円までの預金とその利息だけが保護される、今もある「ペイオフ制度」である。預金の保護を行なうのは預金保険機構ではあるが、その資本の出所から日本政府がバックについていることがわかる。

ペイオフ制度の形ができたのは二〇〇二年四月で、スタート時は定期預金などに限られていた。それが年を経て普通預金にまで適用範囲を拡大して行くわけだが、当初は週刊誌などで危ない金融機関などの特集が組まれ、確かに日本人にも危機意識が芽生えた。

しかし、それは一時的なもので長くは続かなかった。というのは、それから十数年の月日が流れたが、その間普通の銀行にペイオフが適用されたことは一件もなかったのである。唯一例外は、二〇一〇年九月に経営破綻した「日本振興銀行」で、こちらは日本で初めてペイオフが発動された。

この銀行は、普通の銀行とは異なるスタイルであったからだ。全国銀行協会には準会員として加盟していたが、日本にあるほとんどの銀行が口座を設けていた日銀の当座預金を開設していなかった。また、普通預金や当座預金を扱っておらず定期預金に特化しており、そのことからこれまた日本にあるほぼすべての銀行が参加している全銀システムにも加盟していなかった。

そして、一番の違いは預金金利の高さである。当時一般の銀行において円の一〇年定期の金利は〇・数％であった。今より少し高いものの、すでに銀行預金で金利が見込めない時代であった。そんな中、日本振興銀行は円の一〇年定期で二％もの金利を付けていたのである。普通の銀行とこれほど違いがあったことが、ペイオフが適用された原因と考えられる。

いずれにしてもペイオフが適用されたのは日本振興銀行だけで、一般的な銀行でペイオフが適用されたことはいまだに一件もないのだ。

これまで、特にバブル崩壊後、銀行破綻は数多く起きた。それでも結果としてはすべての預金は保護されているわけで、預金者は貸付け先が破綻したにも関わらず、すべての資金を回収することができているのである。だから、護送船団方式がなくなった今も銀行の安全神話は健在なのである。当然、銀行に対してのリスク認識は甘くなってしまう。

しかし気を付けたいのは前述の通りで、平時であれば曖昧になる部分も有事になると厳密になる可能性があるということだ。この場合の有事とは、銀行がバタバタと連鎖倒産するような金融危機が発生することを指す。銀行の破綻が複数になり、すべて救済すると莫大な費用がかかるという話になれば、これまで通常の銀行破綻では適用してこなかったペイオフを厳密に適用する可能性が出てくるのである。「これまで大丈夫だったから、これからも大丈夫」という保証はどこにもないのだ。

銀行預金は、銀行への貸付けであることを思い返し、銀行の安全神話を鵜呑みにするのではなく一度疑ってみた方がよい。

意外とあっけない銀行の信用崩壊

「銀行は安全である」と頑なに信じている方に一つショッキングな話をしよう。それは、銀行が持つ信用とは意外と簡単に消滅するという話である。今回ご紹介する事件は、信用金庫と銀行の一例だが、まず信用金庫の話から始めよう。

それは、国鉄の飯田線に乗る女子高生のAさんとその友人たちとの会話から物語は始まる。地元の××信用金庫に就職が決まったAさんとその友人と三人で会話をしている中で、友人が「信用金庫は危ないんじゃない」と茶化した。単なる雑談で、後々のヒヤリングでは「強盗が入ると危ないのでないか」という趣旨だったという。

その話を、Aさんは帰ってから親戚に相談した。「信用金庫は危ないのか?」と。その時には強盗によってではなく、経営が危ないのかどうかという内容になっていた。しかも、××信用金庫に就職が決まったAさんからの相談である。

信用金庫の実名も加わった。

そこから伝言ゲームが始まる。情報がどんどん他の人に伝わって行ったのだが、それにつれて「危ないのか？」という疑問形が「危ない」の断定に変わってしまった。そして、数日のうちに街は××信用金庫の噂でもちきりとなった。

ちょうどそのタイミングで間の悪いことが起きた。噂を知らないBさんが出先のお店で電話を借りて、「××信用金庫からお金をおろせ」と妻に指示したのである。大金の引き出し指示を聞いていたお店の主人は、「すわ、一大事。ことが始まった。××信用金庫が破綻する」と勘違いし、慌てて預金を下ろしに行った。それと同時に知人にその情報をバラ撒いた。その情報を聞いたアマチュア無線愛好家が、その噂を広範囲に広めた。これによって数十人の預金者が××信用金庫に列をなしたのである。電車の中での雑談から五日後の話である。

そして、噂はどんどんエスカレートして行く。「信用金庫が危ないらしい」が「危ない」になり、「潰れる」「もう明日には営業できない」「お金を職員が使い込んだ」「理事長が自殺した」など次々にデマが発生した。そこから二、三日は、まさに現場はパニック状態である。その対応のために日銀名古屋支店から多額の現金を輸送してもらい、××信用金庫はその本店の金庫前にお店に入ってきた預金者にも見えるように現金をうずたかく山積みにした。それと同時に、自殺したと噂された理事長自らが窓口対応に立ったともいう。

そこまでしてようやく事態は沈静化に向かったわけだが、そのわずか一週間ほどの短期間に約二六億円もの預金が引き出された。これは一九七三年一二月に起きたことで、「豊川信用金庫事件」と呼ばれている。

もう一つ、今度は銀行の話をしよう。二〇一三年一二月二五日に起きた佐賀銀行の取り付け騒ぎである。

年の瀬も迫ったクリスマスイブから物語は始まる。佐賀県在住の女性が友人からの電話で驚くべき内容を聞き、その情報を知人ら数十名に携帯メールを送ったという。メールは、〝緊急ニュースです〟から文章が始まり、内容は①一二月二六日に佐賀銀行が潰れると某友人から情報があったこと、②預けている人は二五日中に全額おろすことをお薦めすること、③一〇〇〇万円以下の預金は保護されるが次にいつ佐賀銀行が窓口を開けるのか不明で心配なこと、④信じるか信じないかは自由としながら自分（メールを発信した女性）は全額おろすつもりでいること、が記載されていた。そして、メールの終わりには呑気に〝素敵なクリスマスを〟と結んでいる。いきなりの予期せぬクリスマスプレゼントである。そして、このメールを受けた人達はその情報を知人に、その知人はさらに知人にと情報はどんどん拡散されて行った。

夜が明けてクリスマスの二五日、お昼頃から佐賀銀行には預金引き出しのためにＡＴＭや窓口に並ぶ長蛇の列ができた。その列は一時一〇〇メートルに達したという。不安に駆られた預金者が殺到したわけだ。並んでいる人も情報をそのまま信じているわけではなかったが、ひょっとすると、という思いが勝ったという。佐賀銀行の頭取もメールの現物を入手したが、まさかこのような事態にまで発展するとは考えていなかった。その日、夕方に行なわれた記者会見で頭取は怒りをあらわにした。ＡＴＭに入っていたお金は途中で底を突き、さらに補充され、この日一日で下ろされた金額は一八〇億円にのぼった。

二五日夜の財務省福岡財務局の緊急コメントや元々自己資本比率が八％を超える健全性を保っていたこともあり、翌日から事態は沈静化に向かい始めた。ただ、これによる一連の流れで、年末にかけて引き出された預金は五〇〇億円にもなったという。このメールの発信者である二〇代女性は翌年二月に書類送検されたが、九月に証拠不十分で不起訴処分になっている。

どちらも完全なデマであり、豊川信用金庫、佐賀銀行とも現在も営業を続けている。しかし、噂が本当であれば事態は沈静化するのではなく、そこから破綻への道へ直結して行ったはずだ。そう考えると銀行の信用とは意外と脆く、崩れる時は一瞬であることがわかる。実際にパニックが生じ始めたのは、豊川信用金庫のケースでは最初の情報が発信されてから五日後のことで、佐賀銀行のケースでは一日も経っていないのである。

ここで、情報伝達のスピードの違いに注目してほしい。一九七三年では数日かかっていたものが、二〇〇三年には一日もかかっていないのである。そして、今はＳＮＳやライブ配信など二〇〇三年よりも情報伝達の手段が発達しているので、もっと時間はかからないだろう。しかも、金融機関とのやり取りもネット取引が浸透しつつあるのでその点も気を付けたい。

これまで取り付け騒ぎは、店頭の窓口やＡＴＭに並ぶことで行なわれた。しかし、今はネットのやり取りで資金を動かすことができるので、銀行が危ないとなれば深夜だろうが瞬時に、ネットで他の銀行へ移す指示を出すことができるのだ。そして、窓口やＡＴＭに列をなすことなく、気付いた時には銀行からお金がなくなっている可能性がある。姿が見えず、静かに進行する「ステルス取り付け騒ぎ」である。そうなれば突然何の前触れもなく、ある日銀行の窓口が朝から閉まったまま開かない、キャッシュカードでＡＴＭから引き出そうとしても機械にエラー表示が出る、買い物時にデビットカードやクレジットカードの決済ができない、そんな状態に陥ってしまうこともあり得る。

一つの銀行が急にそんな状態に陥れば、金融システム全体がパニックになる可能性が出てくる。すでに説明した通り、複数の金融機関が預金と融資などを繰り返しているわけで、あらゆる金融機関がチェーンで繋がっている状態だ。

そのチェーンが分断されてしまうと、他の金融機関に大きな影響が出てしまう。だから、日銀や政府はチェーンが分断されないように常にチェックしている。

銀行の窓口にはほとんど現金がない。預金されたお金の大部分は貸し出されているわけで、預金者の多くが返済を求めて殺到すると、その銀行だけであれば応じることはできない。そこで登場するのが日銀である。

日銀は最後の貸し手と呼ばれる存在で、現金引き出しが殺到するような豊川信用金庫事件のような取り付け騒ぎが起きれば、現金輸送車で大量の現金を持って現場に駆け付けるわけだ。

今後、ネット社会で発生しそうなステルス取り付け騒ぎでも、日銀は電子システムの中で数字上のお金を動かす。だから一般企業は資金繰りで破綻することはあるが、銀行は資金繰りで破綻しない仕組みになっている。

ただ、日銀から資金供給を受けるという行為は、もちろん寄付ではなく単に貸してくれるだけなので、返済義務が生じる。一時的に凌ぐことはできても、その銀行が債務超過になっていれば結局は破綻するのである。一般企業にある赤字倒産は、銀行にも十分当てはまるのである。

「ペイオフ」が発動されると

まず結論から申し上げると、銀行が破綻した際に、預金者が目先で恐れるべき事態は、実際にペイオフが適用されることである。ペイオフにより影響がでる対象者は、ある程度限られることである。一〇〇〇万円を超える円預金（普通預金や定期預金）を保有しているか、外貨預金を保有しているかなどである。

ペイオフが適用されなければ、銀行が破綻しても預金者におよぶ影響はほとんどなく、これまですべての預金が保護されている。また、よく週末破綻と呼ばれるように、金曜日の窓口が閉まった後に破綻の発表があり、週末に引き継ぎなど諸々の処理がなされ、次の月曜日に普段通り窓口が開くことがほとんどである。もちろん、銀行名やこれまでのシステムの変更、また店舗統合は徐々に起こるかもしれないが、基本的なサービスは継続して受けられる。

では、ペイオフが適用されるとどうなるのか。これまでに適用されたのが日本振興銀行の一件だけなので実例不足と捉えられるかもしれないが、こういったことは前例にならって行なわれるためこの一件をチェックしておくことは重要な意味を持つ。ちなみに、ペイオフ適用時の破綻処理に深く関わる預金保険機構のＨＰには、「活動・実績」の欄に「日本振興銀行関連」が一つの大きなテーマとして掲載されている。中を覗くと、当時の状況を詳しく知ることができる。その中の情報を基に日本振興銀行のペイオフ適用の事例を解説しよう。

日本振興銀行の破綻は、今から一〇年前の二〇一〇年九月一〇日に起きた。午前中に記者会見が開かれた同行は、一〇日の金曜日から一二日の日曜日までの三日間営業が停止された。その上で、一三日の月曜日の朝九時から営業は再開された。ペイオフが適用されたにも関わらず、これまでの銀行破綻の迅速な処理と何ら変わらないスピード感である。そして、確かにペイオフによってカットされるかもしれない部分については凍結されたものの、一〇〇〇万円以下の預金についてはその利息と一緒に払い出しが認められたのである。

預金保険機構のホームページを見ると、今でも「日本振興銀行関連」という項目があり、その一連の処理について詳しく知ることができる。
（画像は https://www.dic.go.jp/katsudo/index.html より）

日本振興銀行では普通預金の扱いがなく、定期預金だけで一般の銀行よりも高い利息を付けていたわけだが、その高い利息についてもきちんと保護されている。破綻前の預金残高は五八二〇億円あったが、そのうちペイオフが適用された部分は一〇七億円で、全体の一・八％ほどであった。影響がおよんだ預金者の数は、全体の約三％で三四〇三人であったという。かなり限定された部分に対してのペイオフ適用だったことがわかる。

預金の保護については、大多数の方にとっては影響がなかったことがわかった。ただし、破綻前に一一四ヵ所あった拠点は一三日の営業再開時に一旦一六店舗までに絞られたので、普段使っている店舗が使えない預金者はいただろう。しばらくすると順に再開店舗が増え、同九月末にかけて一〇一ヵ所まで次々に再開されて行った。その後、翌年二〇一一年四月までかけて支店が統廃合され、別会社に事業承継が行なわれるまで二六店舗にまで再度縮小している。

さて、一番の注目であることだが、ペイオフが適用となった一〇七億円はどうなったのだろうか。通常、預金保険で保護される範囲を超える部分の預金については、破綻した銀行の財産の状況に応じて、一部カットされた上で返済されることになる。最終的な返済は裁判などを経て行なわれるため、一年以上かかることになる。ただ、そのような長期戦を預金者に負わせないために〝概算払〟という制度がある。概算払とは、預金保険機構が一定の比率（概算払率）によって預金を買取り、概算払額を預金者に支払う制度である。

日本振興銀行における一〇七億円もこの概算払の対象となった。そして、その時の概算払率は二五％だから、なんと七五％がカットされる試算がされたわけだ。概算払率が発表されたのは破綻が起きてから三ヵ月後の一二月七日で、実際の払い出しは一二月一三日から翌年一月三一日の一ヵ月半で行なわれた。

ただし、これには続きがある。二五％の概算払率が出た当初は、少な過ぎると批判が出ていたわけだが、その後、実際の債務整理や裁判の結果、追加の返済が行なわれたのだ。返済は三回にわたって行なわれ、最終的に五八％まで返済されたのである。これを多いと取るか少ないと取るか。概算払率二五％を見てからだと、結局はずいぶんと戻ってきているように見えるが、それは数字のトリックである。実際には四割強もカットされてしまったのである。また、その三回の返済にもかなりの時間がかかった。第一回目の返済は、概算払がされた時から一年後の二〇一二年四月一〇日からで、第二回目はその二年後の二〇一四年一〇月六日からなのだ。破綻してから四年も経過しているのである。そして、第三回目は二〇一六年九月二六日からなので、最終的な返済までには六年もの月日を費やしたことになる。

このペイオフにより、実際にカットとなった額は約四五億円だから、全体の預金額五八二〇億円から見ると一%にも満たない〇・八%である。それほど大きい数字ではない。しかし、中には破綻前日の九月九日にマンション購入予定の資金四〇〇〇万円を預け入れた悲運の人がいるという。すると、破綻してすぐの概算払率が発表された時は、預金保険による一〇〇〇万円＋概算払七五〇万円（三〇〇〇万円×二五%）ということで、預金が一瞬のうちに半分以下という試算がなされたわけで、青ざめたに違いない。その後、追加の返済がきて、最終的には預金保険による一〇〇〇万円＋概算払と三回分の返済合計額一七四

○万円（三〇〇〇万円×五八％）の約二七四〇万円（＋利息）が戻ってきた計算となるが、それでも一〇〇〇万円超も大きく傷んだことに変わりはない。

ペイオフ適用の対象になりうる人（特に富裕層）は、この日本振興銀行で起きたことを十分教訓として活かしてほしい。ペイオフ適用で困るのは、一〇〇〇万円超または外貨預金を行なっているごく一部の預金者である。そのごく一部の預金者が破綻した銀行の悪い部分を被るわけだから、実際にカットされるとなるとかなり大きな比率になりうるのだ。また、すべての返済がなされるまでに長い年数を要することも忘れてはいけない。

「自分はペイオフ対象になるほど預金をしていない」と安心している人も注意が必要だ。なぜなら、実際にペイオフが適用になるのは銀行預金の極めて少額部分であるからだ。本格的に銀行が傷んでいる場合には、預金保険機構（政府）による持ち出しがどうしても多くなる。だから、金融危機で銀行破綻が連鎖的に起これば、預金保険機構が持ちこたえることができずに、ペイオフ適用の条件が変更される可能性が考えられるからだ。たとえば、一〇〇〇万円超が五〇

○万円超になったりするわけである。

銀行は信用するな

銀行が破綻し、ペイオフが適用されると一時的に口座が凍結されたり、預金がカットされる。また最終的に返済されるまで年数がかかる。ただ、それを極度に恐れる必要はない。現状ではペイオフ適用事例がほぼなく、また適用されるにしても預金者の大半はその対象にならない。だから、それよりも気を付けるべき点をこの章の最後に述べておこう。

それは、あなたが知らないところで邦銀は、とんでもないことをしているということだ。

たとえば、銀行からの海外送金がいつの間にか困難になっていることに気付いているだろうか。海外送金はあまり一般的ではないため、ほとんどの方は行なったことがない。だから気付きにくいが、やってみるとそれが本当のことだとわかる。私は、長らく日本国の財政状況を問題視し、その解決方法として海外のファンドへの投資を推奨してきた。ところが、今多くの邦銀からこの海外ファンドへの送金が困難になっている。昔はできたにも関わらずである。

表向きの理由は、アンチマネーロンダリングである。不自然な取引や不正防止、反社会的勢力やテロ資金、融資詐欺の排除など広範囲の意味で使われるこの言葉を全面に出し、銀行は首を縦に振らないのである。どれだけ丁寧に資金の使い方や投資先の説明をしたとしても、ダメなのである。海外ファンド以外にも送金できない話はよく聞く。中には、結婚をして海外移住した娘に資金援助で送金をしようとして断られたという驚くべきものもある。銀行側の言い分としては、得体の知れない相手には送金できないというわけである。本人を目の前に、娘を得体の知れない第三者扱いである。そして、親子である証明があれば送金するというのだ。しかし、結婚して姓が変わり一人立ちした娘と親子の証明をする手段はなかなかない。

このように海外送金はかなり困難になりつつあるのだが、世間一般にはその事実はまったく知られていないのである。

やはり、預金はあなたのお金ではなく、銀行のお金なのである。銀行がＮＯと言えば、自分のお金が自分の思い通りに使うことができなくなっているのだ。海外送金は、すでにそのような状態なのである。そして、これからもこのようにサービスが知らず知らずの間に制限されるかもしれない。もはや、銀行だからと全幅の信頼を寄せて安心な時代ではないのだ。

実は、銀行はこれまた預金者に内緒でこの海外送金以上にひどいことをしている。それは、預金として集めたお金の使い道である。これについてはあまりにも重大なことなので、第五章で詳しく解説しよう。

いずれにしても、あなたはもっと銀行に対して注意深く接した方がよい。国内外問わず、いろいろな情報を集めた上で、特に自分の口座がある銀行についてはどんな小さな動きでも見逃さず監視するぐらいのスタンスでいながら、何かあった際には機動的に動けるようにしたい。そうでなければ生き残れない時代が、目の前にやってきているのである。

第二章

一九三〇年代、世界大恐慌で アメリカの二分の一の銀行が潰れた

マスクは手作りできるが、お金は手作りできない

「コロナよりも怖いのは人間だと思います。目に見えないものより、目に見える人間が怖いです」――これはあるドラッグストア店員の声である。

連日、新型コロナウイルス感染拡大のニュースが伝えられる中、店頭からマスクが消えた。開店前から列になって並んでも買えない。マスクを買いにきたお客は、日々苛立ちを募らせて行った。「マスクの入荷はいつ?」「わからないじゃ困るんだよ!」「いつもじゃない!」「病人がいるんだよ!」「いつも買えないのに、一個くらい取り置きしてよ!」「従業員はマスクしてていいよな」……。

新型コロナウイルスへの感染を防ぐために、マスクは絶対ではないにしろ、確かに有効だと言われている。だから「欲しい」という気持ちもわからなくはない。しかし、店員に怒りを爆発させてもマスクが手に入ることはないし、怒りや不安は免疫力を低下させるから、むしろ感染症リスクを高めてしまう。だ

から、そんなバカなことに時間や心を浪費するのはやめて、マスクの手作りにでもチャレンジする方がはるかに有益だ。

しかし、これはマスクだから言える話でもある。マスクは、手作りできる。だが、手作りできないものもある。その代表が「お金」だ。

お金は手作りできない。万が一、やったら犯罪だ。だから、どうしても手にしたい時は、銀行に行くしかない。お金を手にしたい人が大勢いる時は、銀行に並ぶしかない。しかし、第一章でお話したように実は銀行にはお金はほとんどない。だから、大勢の人が一気に銀行に押し寄せて引き出そうとすると、銀行はそれに応じることはできない。その結果どうなるか？　銀行をお休みにする他なくなるのだ。お休みしている間に銀行の資金繰り（！）の目処が立てばいいのだが、目処が立たなければ、その銀行は破綻する。

人々がお金を引き出しに銀行に殺到する――それを「取り付け騒ぎ」と呼ぶが、これが一行だけの話であればまだいい。しかし個別行の話ではなく、世の中全体の話となると大変なコトになってくる。多くの銀行が取り付け騒ぎにあい、休業から破綻に至る。そうなればまさに「恐慌」だが、歴史上、本当にそのような時はあった。代表例が一九二九年に始まった「大恐慌時代」である。

今日、新型コロナウイルスの世界的感染は、全世界に想像を超えた事態を生起させているが、アメリカではすでに静かな銀行取り付けまで発生している。「現金がなくては話にならない」――こういう意識が一部でパニック的状況を引き起こしているのだ。そのため、マンハッタン52丁目とパークアベニューに建つ「バンク・オブ・アメリカ」の支店では、一〇〇ドル紙幣（日本で言えば一万円札）が不足する事態が発生した。「JPモルガン・チェース」でも三月一三日までに顧客から数多くの現金引き出しのリクエストを受け、パンク状態だったという。銀行に押し掛けた人たちの引き出し希望金額は、一人数万ドル＝数百万円単位という額だったのだ。ATMでの現金引き出し限度額は概して五〇〇ドルから二五〇〇ドルであるのに対し、支店での引き出しなら基本限度額はない。それで手元現金を求める富裕層が支店に殺到したのだ。

とはいえ、支店が保有する現金はセキュリティ上、限りがあるから、突然大勢が多額の現金の引き出しを求めてもそれに応じることは不可能。そのため、銀行がパンクしてしまったのだ。

もうすでにこんな事態が起こっているのである。コロナ禍が今後さらに深刻になって行くことは間違いなく、経済へのマイナスの影響は計りしれない。この機に、大恐慌の時代のパニック的様相を改めて確認しておくのも決して意味のないことではないだろう。

それでは、タイムマシンで一九二〇年代のアメリカに降り立ってみよう。

全米最大の商業銀行が破綻

大恐慌とは、一九二九年一〇月二四日のニューヨーク株式市場に端を発した未曾有の世界大恐慌をいう（この日は木曜日だったため、後にこの日は「暗黒の木曜日〈Black Thursday〉」と呼ばれるようになる）。

現象的な発端は、この株価の大暴落であった。しかし、実体経済はすでに下降していた。すなわち、耐久消費財（自動車・電気機器など）ブームは一九二五〜二六年にピークを打ち、一九二七〜二八年には物価は下降気味で、停滞局面に入っていた。にも関わらず、一九二八〜二九年に株式市場は活況を呈し、海外からの多額の投資も加わって株式市場は極端にブーム化していた。こうした局面でバブルが崩壊し、株価の大暴落と共に実体経済の不振が露呈したのである。

細かく見て行こう。すでに徐々に始まっていた実体経済の下降は、「暗黒の木曜日」以降、一気に加速して行った。まず、株価の暴落は多数の投資家（個人・大企業・銀行）にキャピタル・ロスを発生させ、損失の累積が消費需要・企業投資意欲・融資活動にマイナスの影響を与えた。

一九〜二〇世紀にかけて、イギリスを中心として発生した景気循環過程での不況期には、生産の減少・物価下落と失業者の増加が顕著になってくると、将来の景気回復による投資収益率の向上を期待して新規投資が誘発され、これが底支えとなって関連需要の増加となり、景気が回復して行ったのである。

しかし、一九三〇年代に入ってからのアメリカ経済では、様相はまったく逆に展開した。不況と共に、農産物価格は急落し、一九二九年の卸売物価指数を基準としてみると一九三〇年は一六％も下がり、農村地帯の過剰生産と需要不足が目立った。同時に工業生産も急速に収縮し始め、特に一九二〇年代の景気上昇のけん引車であった耐久消費財の生産が急落した。これに伴い、失業の増加・所得（賃金）の減少が進み、新規投資が大幅にマイナスに転じたことから、事態は急速に悪化し始めた。

一九三〇年の後半に入ると、民間投資は一挙に二分の一の水準にまで縮小した。これに伴い、新規設備投資はおろか、設備の減価分を補てんする補充投資すら実行されない状態となった。こうして、設備機械・原材料投資などが急激に減少し、需要の急減・生産の縮小・物価の下落・失業の増大が一気に進み、デフレがデフレを呼ぶ「デフレ・スパイラル」が発生したのである。

急激な投資の減少は、雇用と所得を減少させ、需要の激減となり、銀行の倒産・破綻が始まった。そもそも当時のアメリカの銀行は、銀行本体ないし証券子会社で、株式の保有とディーリング（自己勘定売買）が認められていたので、銀行も投資家として株式投資に参加していた。こうした環境下で株価の暴落が発生したのだ。当然、それがまず直接的なダメージを銀行に与えていた。しかも銀行は、バブル経済の下で土地・株式を担保とする貸し出しも多かった。もちろん、大幅な担保割れである。これが、銀行が食らった二つ目の強烈なパンチであった。そして、三つ目の強烈なパンチが、実体経済の急激な落ち込みによるものであった。企業活動の急激な落ち込みは、貸し手である銀行にも強烈なダメージを与えたのである。

そもそもアメリカは、ヨーロッパ諸国に比して金融システムの歴史が浅かった。他国の中央銀行制度に似た連邦準備制度が整備されるのは二〇世紀に入ってからであり、その新しいシステムも分権的で、個別銀行に対する監督や補助も他国に比して弱かった。そこへもってきて、二〇世紀初頭の二〇年間は銀行設立ブームで、とくに地方では銀行の過剰がささやかれるほどであった。一九二〇年代は空前の好景気に沸いたが、その繁栄は農業地域を取り残す形で進み、

アメリカの地域別に見る破産銀行の預金額

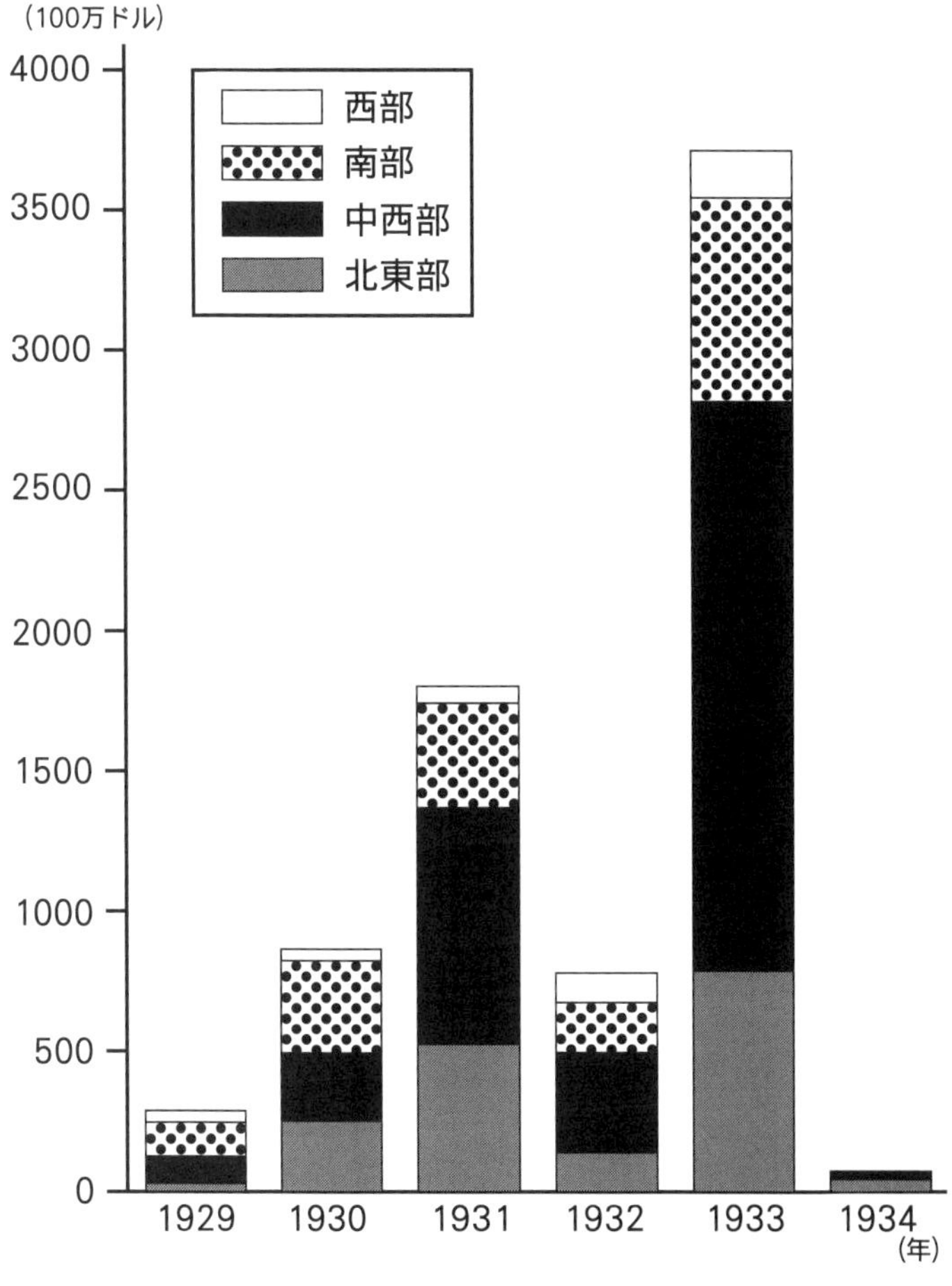

Banking and Monetary Statistics,1914-1941のデータを基に作成

農業の不振は多くの経営基盤の脆弱な地方銀行を閉鎖に追い込んだ。大恐慌前の一九二〇年代、その頃でさえアメリカの銀行破産数は今の私たちの常識からは到底考えられない数におよんでいた。一九二一～二九年にかけて破産した銀行数は、なんと五七一二行！　年平均六〇〇行以上が破産していたのである。

しかし、その数の多さにも関わらず、一九二〇年代の銀行倒産は全国的な預金者の信認にマイナスの影響を与えるとか、ニューヨークのマネーマーケットにショックを与えるといった波及効果はなかった。銀行破産という津波は押し寄せていたが、小規模で被害はそれほどでもなかったのである。しかし、「暗黒の木曜日」から一年を経た頃、一九三〇年秋以降の銀行破産は連続する大津波となってアメリカ国民を襲ったのである。

一九三〇年秋には、農村地帯と都市の一部でかなりの銀行が取り付けにあって倒産した。デフレの進行に伴って銀行倒産が生じると、金融不安が広がり信用収縮が進む。これが、「金融恐慌・銀行恐慌」である。

当時はまだ金本位制であり、しかも中央銀行による最後の貸し手機能が働いていなかったので、信用不安から預金の取り付け（金《きん》兌換、預金引出し）にあうと銀行はたちまち休業し、流動性不足（金《きん》不足・決済資金不足）に陥ると、じきに倒産した。銀行倒産の数は、一九二九年の六五九行から一九三〇年には倍以上の一三五〇行に達し、一九三〇年の暮れには当時アメリカで最大の商業銀行だった「合衆国銀行」（Bank of United States, New York）が破綻した。

そして全国銀行休業宣言――生涯の預金が消え去った

デフレ・スパイラルが産業恐慌へと発展し、それが銀行の不良資産を増加させて銀行倒産・銀行恐慌へと発展する。銀行の破綻は信用収縮を急速に広め、産業・農業の倒産となって産業恐慌を深化させて行く。この悪循環が一九三一～三三年にかけて急速に進み、アメリカ経済を破壊的状態へと導いて行った。一九三二年六月には、ニューヨーク市場の株価はピークの九〇％減まで下落した。まさに、アメリカ資本主義は破滅的状況を呈したのである。

一九三一年に入ってからヨーロッパでも金融恐慌が激しくなり、五月にはオーストリア最大の銀行「クレジット・アンシュタルト」が破綻し、六月にはドイツ政府が第一次世界大戦後の賠償デフォルト宣言をした。また、九月にはイギリスが金本位体制を停止した。こうして、国際経済・国際金融面からの悪影響がまたアメリカにも跳ね返ってきて、大恐慌はさらに進展して行った。

一九三二年に入ると、投資は前年同様大幅に減少し、デフレ・スパイラルは加速。産業恐慌は一段と進み、銀行恐慌へと波及した。度重なる銀行破綻と信用収縮によって、アメリカの金融機能は麻痺状態に陥っていた。一九三二年半ばから一九三三年三月にかけてふたたびデフレ・スパイラルが生じ、産業恐慌が深化して行った。こうして、一九三二年後半から一九三三年にかけて「第三次銀行恐慌」が発生した。

時のアメリカ大統領は、ハーバート・フーヴァー。彼の在任期間は一九二九年三月から一九三三年三月までで、まさにこの最悪の時期とぴったり重なる。今日、彼は無能と呼ばれるが、運悪く最悪の時期に大統領の地位にあったとも言えるであろう。世界恐慌に対して有効な政策が取れなかったフーヴァーは、一九三二年の大統領選挙で対立候補の民主党フランクリン・ルーズベルトに大敗した。フーヴァーは次期大統領に対し、危機の時には国益を第一に考えてもらいたいと繰り返し訴えたが、ルーズベルトは彼の訴えをはねのけた。

政治指導者たちがつまらない口論をしている間に、アメリカの金融はさらにトンデモナイ事態を進行させた。ルーズベルトはドルを切り下げるだろうという確信の下、通貨投機家や国際的なことに関心のある会社は米国通貨を大量に金《きん》（ゴールド）や外国通貨と交換したため、財務省の金《きん》保有率は恐ろしいほどの速度で減少した。一方、一般市民は銀行預金に不安を抱くようになった。大勢の人々が預金を引き出すために銀行の出納係の窓口に並んだ。小さい銀行の中には大量の支払い要求に応じられず、閉鎖するところも出てきた。小銀行が閉鎖すると、人々は開いている銀行に押し寄せ、開いていた銀行も閉鎖に追い込まれるパニックになった。

一九三二年一〇月にはネバダ州政府が銀行休日宣言を発表し、その後銀行の倒産は中西部に飛び火した。二月の初め、デトロイトの弱体化した大きな銀行グループが持ち株会社の不安定な構造によって閉鎖に追い込まれたのを機に、事態は収拾がつかなくなった。二月一四日、ミシガン州知事は八日間の銀行の休日を宣言し、人々は一五億ドルという彼らの預金を引き出すことができなくなった。銀行休日は二三日にはインディアナ州に広がり、二五日にはメリーランド州、二七日にはアーカンソー州、二八日にはオハイオ州にも広がった。

二月だけで銀行にアクセスできたラッキーな人によって引き出された預金額は、九億ドルにもおよんだ。二月の初めに流通していた貨幣のおよそ六分の一が引き出された勘定になる。この騒動の末期には、金貨は最後の五ドル金貨まで国民に買いだめされた。

要するに、アメリカという国の信用が地に落ちたのである。硬貨や通貨の信用はなくなり、信用も信頼も消え失せた。新しい大統領が就任する前日の三月三日、銀行が開いている州は一〇州のみで、金庫にはドル通貨を支えるだけの金《きん》は残っておらず、財務省は公務員に支払う現金が足りず、アメリカは実質的に破産した。銀行取り付けは年々激しく、広範囲に、大規模になっていたが、この時期の特徴は不良銀行からの預金流出に伴う通貨供給量の減少と、金《きん》準備の消失という二つの面から、銀行組織が壊滅的な影響を受けたことである。

地下に金《きん》保管倉庫を持つニューヨーク連邦準備銀行からは、連日、金《きん》の流出が続いた。一九三三年三月三日、ニューヨーク連銀の法定準備、つまり預金や連銀発行券に対して法律によって定められた一定比率の金《きん》、およびその他の流動資産が足りなくなる事態が発生した。つまり、アメリカの中央銀行は破産状態に陥ったのである。三月六日、新任大統領・ルーズベルトは四日間の全国銀行休業宣言を行ない、金本位制を停止した（しかし、実際には八日間休業し、多くの銀行はそれよりも長く休業した）。ここに至って、内外にわたってのアメリカのあらゆる金融機能は完全に麻痺状態に陥った。

一九三二～三三年にかけての冬、人口一万九〇〇〇人の中西部のある町を、銀行破産の波が襲った。当時この町を訪れたある記者は、以下のように報告している。

銀行と銀行家が売った債券の崩落がこの町のデフレーションの直接的な原因となった。学校の教師、保険のセールスマン、ブルーカラー、歯科医、退職した農民たちは、生涯の貯金が消え去り、保障がなくなる体験をした。

……この町のファースト・ナショナル・バンクが破産第一号だ。事前警告は何もなかった。営業日の日中に検査官がドアを閉めた。この銀行は、合衆国財務省支店と見なされていて、州でももっとも古い銀行の一つだった。二〜三時間以内に誰もがこの破綻を知った。預金者たちは驚愕して信じられない面《おも》もちで小グループごとに集まってドアに張り出された通告を読んでいる。

……おおっぴらに悲嘆にくれる人はあまりなかった。もっともショッキングな例は老齢のギアマン夫人だった。彼女は閉められた厚いガラスのドアを拳でたたき、大声で、あるいはしくしくと、人目をはばかることなく泣いた。彼女は貯蓄口座に彼女の夫の保険金から二

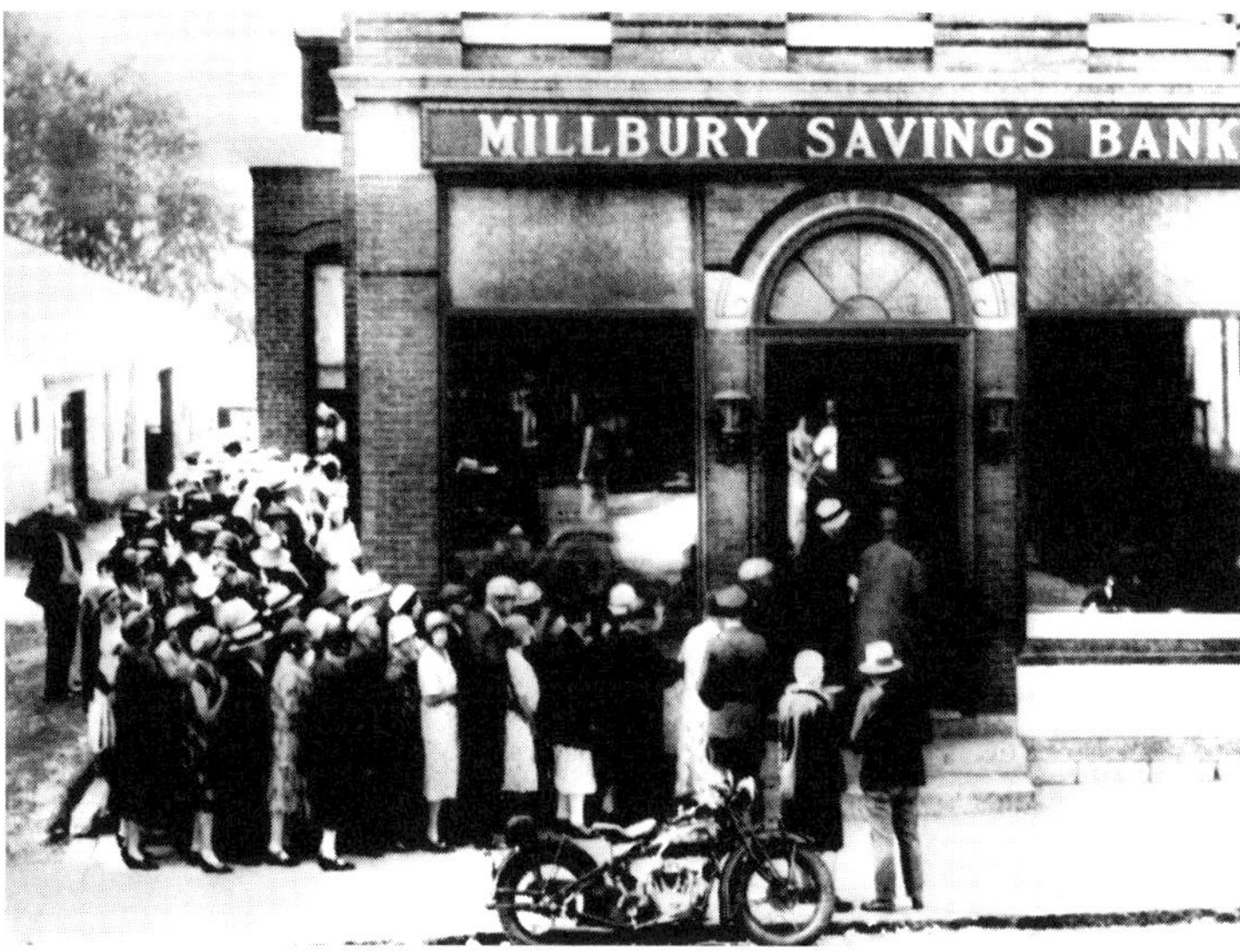

ニューヨーク証券取引所で株価が大暴落した「暗黒の木曜日」と呼ばれる1929年10月24日、米マサチューセッツ州の銀行に押し掛ける預金者たち。　（写真提供：AFP＝時事）

〇〇〇ドルと、粗末な敷物作りで二五年間かかって貯めた九六三ドルを貯金していた。何も残らず、慈善に頼るほかなかった。

(『世界大恐慌 1929年に何がおこったか』秋元英一著　講談社刊)

銀行取り付け、パイパーインフレ、そして戦争も

「これは今から九〇年近くも前の話であり、いくら新型コロナウイルスで世界中が混乱しているとはいえ、今日においてはこんなメチャクチャな事態はあり得ない」と思われる読者が多いことだろう。

しかし、私はそのように楽観的に見ることはできない。三月二四日付東洋経済オンラインに、経済ジャーナリストの岩崎博充氏が新型コロナウイルスと経済に関する一文を寄稿しているが、そのタイトルは「『世界大恐慌』今だからこそ響く忌まわしい歴史　コロナショックの先に一九三〇年代の再来はあるか」だ。そして、岩崎氏はこの論考のラストで「破綻は個人から企業、そして国家

へと連鎖？・」という小見出しに続けて、予想されるリスクを六つ列挙している。

・欧州債務危機の再発（国家の破綻）
・新興国通貨の暴落、債務危機（〃）
・過剰流動性の副作用で「デフォルト」が大量発生（企業や国家が続々と破綻）
・世界的な金融インフラの崩壊（銀行の連鎖倒産、取り付け騒ぎなど）
・急激な保護貿易で世界は縮小経済へ
・世界同時ハイパーインフレ　（東洋経済オンライン二〇二〇年三月二四日付）

銀行の連鎖倒産、取り付け騒ぎどころか、国家の破綻、さらには世界同時ハイパーインフレの恐れまであるというのだ。岩崎氏は、この論考を次のように締めくくっている。

すでにあちこちで流動性不安ともいえる事態が伝わってきているが、アメリカでの通貨不安や債券市場での流動性不安が高まれば世界にも及ぶことになる。

有事に強いはずの金までもが投げ売り状態となっているのはリーマンショックと同じだが、ここからさらに金融不安がおこれば、世界各地で信用不安が発生し、その現象は世界中に感染し、連鎖しかねない。金融不安の〝クラスター〟が世界中で同時発生してくる可能性があるということだ。

（東洋経済オンライン二〇二〇年三月二四日付）

この岩崎氏の論考は、多岐にわたって示唆に富むものであるが、経済危機・金融危機以外の面における指摘にも、うならされるものがある。その指摘とは、「一九二九年の大恐慌も、結果的に第二次世界大戦が終結するまで景気が回復しなかったことから、第二次世界大戦の原因になったと言われている」（同前）。そう、大恐慌は自国中心主義を強め、各国は保護主義に走り、その行き着く先は戦争だったというわけだ。

賢明な読者の皆さんは、近年アメリカ・中国・ロシア・イギリスといった、本来なら世界をまとめる中心的役割を果たすべき大国が、自国中心主義に傾いていることをお感じであろう。そして、この「新型コロナ危機」は、明らかにそれに一層拍車をかけている。

激化する自国中心主義

二〇二〇年三月一九日付日本経済新聞に、米コンサルティング会社、ユーラシア・グループ社長で政治学者のイアン・ブレマー氏が「協調見えぬ新型コロナ対策」と題して寄稿している。ブレマー氏はその中で、自国中心主義がはびこる今の時代においては、新型コロナウイルス感染拡大のような世界的な公衆衛生危機への対応も自国第一主義に基づいたものになると述べたうえで、その危機をズバリこう表現する。国際社会を主導する国が存在しない、「Ｇゼロ」時代に入って初めての真の地政学的な危機である、と。

新型コロナウイルスに関しては、各国が特定の国や地域を入国拒否する措置を相次いで取り、それが国や地域間における摩擦・軋轢を高めた。「なんでうちの国を拒否するんだ！」というナショナリズムである。その次は、さらに上のレベルでのいさかいだ。あろうことか、発生源である中国外務省の趙立堅報道官が何の根拠も示さずに「米軍が持ち込んだ可能性がある」とする見解をツイッターに投稿したのだ。

当然、アメリカは激しく反発。米国務省高官は「陰謀論を広げるのは危険で、ばかげており、アメリカはそれを容認しないと通告したかった」（ＮＨＫニュース二〇二〇年三月一四日付）と述べ、中国側を厳しく批判した。これは明らかに、感染源でありなおかつ初期の時点で情報を隠ぺいしてウイルスを拡散させた責任をうやむやにしようとした中国側の愚かなミスであった（さすがにその後、崔天凱駐米大使もこの発言を批判した）。

しかし、アメリカ側の姿勢も誉められたものではない。「われわれは、ウイルスとの戦いの重大なときにある……わたしは米国民の生命と健康、安全を守るために必要ないかなる手段を取ることも躊躇《ちゅうちょ》しない。いつも米国第一を大事にする」（産経新聞二〇二〇年三月一七日付）。これは三月一一日、世界保健機関

（ＷＨＯ）が新型コロナウイルスの感染拡大を「パンデミック（世界的な大流行）」と宣言したことを受けて、トランプ米大統領が同日、国民に向けた演説の一節だ。「アメリカ・ファースト」――これは、トランプ大統領が就任前から訴えてきたキャッチフレーズだ。

自国に誇りを持つこと、これは良い。しかし、どの国もいきり立ちパニック的な状況に陥っているような時に、各国が自国第一主義を掲げて自己中心的行動に走ると、事態は破局的なものになってしまう。私たちは、それを一九三〇年代に学ばねばならない。

国際協調を粉砕したＦ・ルーズベルト

大恐慌を克服し、その後の第二次世界大戦に勝利した大統領として、特にアメリカではフランクリン・ルーズベルト（以下、Ｆ・ルーズベルト）の評価は高い。しかし、自国中心主義・人種的偏見、そして戦争……こういった点を冷静に考えてみた時、私たちは今、F・ルーズベルトをむしろ反面教師として学ばねばならないのではないだろうか。

まず、「自国中心主義」と「国際協調」に関して見てみよう。大恐慌当時、欧米諸国の協力によって国際経済秩序の安定を図り、世界的規模に拡大した恐慌をのりきろうとする動きはあった。そしてF・ルーズベルトの前任者フーヴァーは、一九三三年六月にロンドンで世界経済会議を開催する段どりまでつけておいたのだった。国際連盟加盟国ではないが参加を要請されたアメリカ合衆国は、今や世界経済の大国であり世界恐慌の発端となった責任もあることから、積極的に関与することが期待された。

会議は難航した。まず世界恐慌でドイツの賠償が事実上不可能となったため、ヨーロッパ諸国のアメリカに対する債務返済も不可能なので、それを帳消しにすることが期待された。しかし、F・ルーズベルトがその問題を議題にすることを拒否したため、話し合われることはなかった。通貨の安定については、金本位制維持を主張するフランスなどいわゆる金ブロック諸国が、すでに金本位から離脱していたアメリカの将来的金本位制への復帰を要請したが、ルーズベルトはそれも拒否した。ルーズベルトは、ドル切下げによるアメリカの国内景気の回復を最優先にしていたのだった。

それでもようやく暫定的なとりきめが結ばれたが、各国の予想に反して、F・ルーズベルトは突然、会議のすべてをご破産にするような「爆弾メッセージ」を発したのであった。彼は、国内の景気回復が先決問題であり、物価引き上げ政策の支障となるような通貨安定協定にはいっさい同意しないと宣言し、通貨問題を討議する前に、各国がそれぞれ自国の資力を動員して生きる方策を見出すべきだと主張したのである。これは国際慣行を破り、資源の豊かなアメリカでなければ言うことのできない高慢ともいえる言動であった。世界経済会議は、F・ルーズベルトのこの声明により、事実上崩壊してしまった。

かくしてロンドン会議は決裂し、列強が協力して共通の経済問題に対処する最後の機会は失われた。これ以後、経済自立政策の傾向は一段と強まり、各国政府は勢力圏を確保するため経済戦争にしのぎをけずることになった。

アメリカ人は戦争に強い大統領を評価する

今、「経済戦争」という言葉を使ったが、F・ルーズベルトは経済戦争ばかりでなく実際に「戦争」を仕掛けた。当時米下院議員だったハミルトン・フィッシュは、F・ルーズベルトは「戦争をしたくて仕方なかった」と述べている。なぜか？　それが二つの意味で、F・ルーズベルトにとって望ましかったからである。

一つ目の意味は、「経済効果」だ。今日、ニューディール政策は大恐慌を克服したものとして評価が高い。だが、それは多分に過大評価であり、大きな見落としがある。その一番の証拠は、失業率だ。七一ページのグラフで明らかなように、アメリカの失業率が劇的に改善するのは一九四二年、日米開戦の一年後である。つまり、戦争こそが大恐慌克服の最大要因だったのである。

大恐慌により、需要は極端に落ち込んだ。戦争は際限のない消費で、巨大な

アメリカの失業者数と失業率

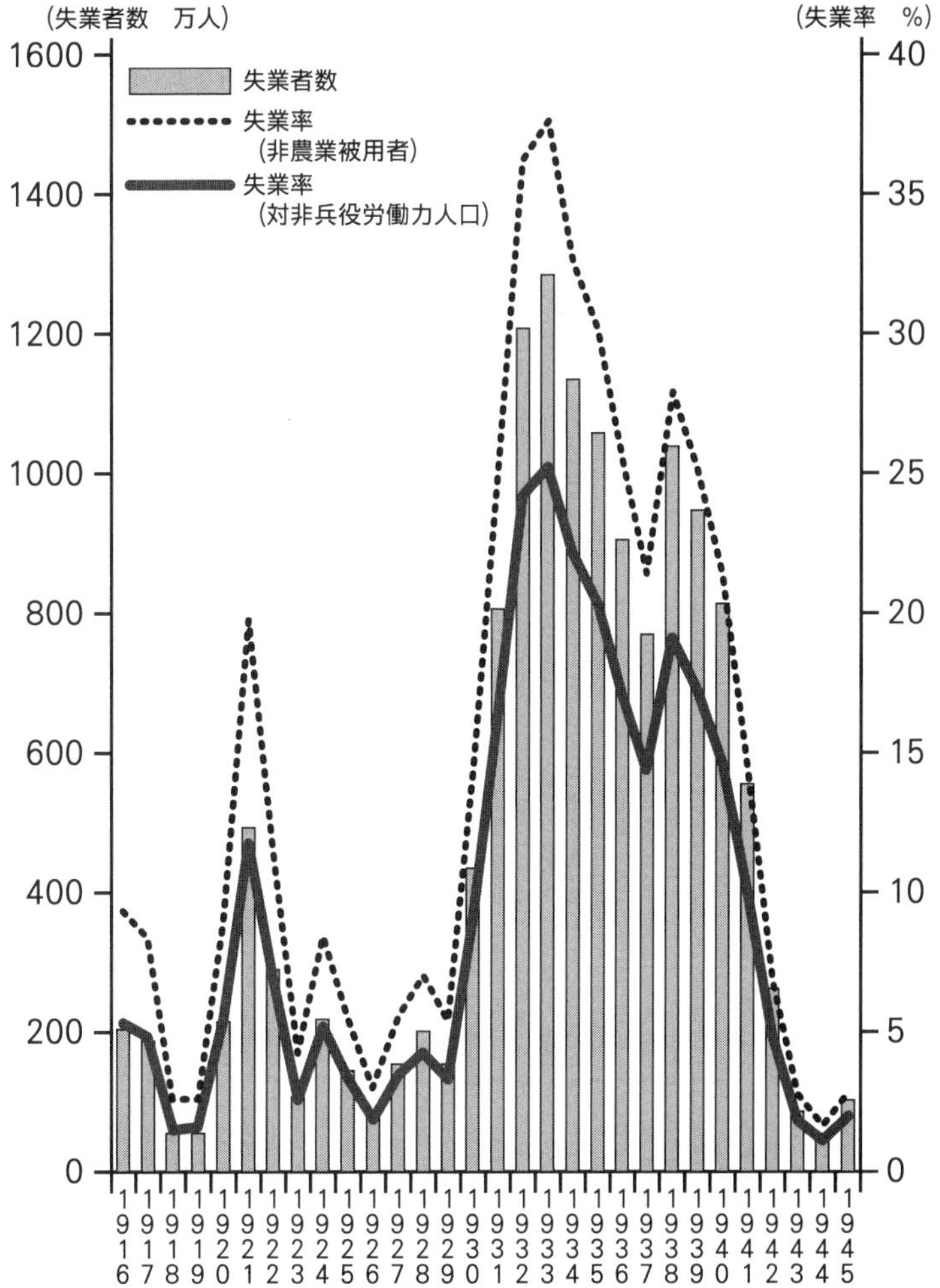

アメリカ歴史統計　第Ⅱ巻のデータを基に作成

需要を生み出す。「戦争経済」は、資源豊かなアメリカにとって、大恐慌克服の切り札だったのである。

もう一つの意味は、文字通りの戦争をすること、戦争で劣等民族である日本人を完膚なきまでに打倒することであった。現代に生きる日本人にとっては「何それ⁉︎」であろうが、私たちはそういう歴史的事実を正視する必要がある。

東京大学名誉教授の月尾嘉男氏は、アメリカ国民からの評価が高い歴代大統領の特徴は、強い大統領、さらに言えば戦争をした大統領だという。たとえば、初代大統領のワシントン。彼は元々アメリカ独立戦争の勇猛な司令官である。その勇猛さは、今の私たちの感覚からすれば勇猛を通り越して「獰猛」である。特に先住民に対してはすさまじく、ワシントンはインディアンを狼と比較して、嫌悪もあらわにこう発言している。「姿こそ違えど、インディアンは狼と同様の猛獣である」。ワシントンが軍を指揮していた間、インディアンを絶滅させる方針は一貫していて、ワシントンの軍隊はブーツトップやレギンスを作るためにインディアンの尻の皮を剥いだ。五年未満の間で二八ものインディアンの町村を破壊し尽くしたワシントンに対し、生き残ったインディアンはこういう言葉を残したという。「今では、ワシントンの名を聞いただけで、我々の女たちは後ずさりし、顔色が悪くなる。そして、我々の子供たちは母親の首にしがみつく」。

緊急時ヒステリーで突き進んだ日系人強制収容と戦争

この徹底した人種差別と好戦的スタイルの正統な継承者が、ルーズベルト一族が生んだ二人の大統領、セオドア・ルーズベルトとフランクリン・ルーズベルトであった。

セオドア・ルーズベルトは、前任のウィリアム・マッキンリー大統領の時に海軍次官に任命されるが、一八九八年に米西戦争が始まると直ちに海軍省を辞任。第一合衆国義勇騎兵隊を結成し、キューバでのスペイン軍との戦闘では先頭に立って何度も戦うという、よく言えば勇猛果敢、言い方を変えれば好戦的な人物であった。第二六代大統領になった後は、その時期に世界各国を仮想敵国とする戦略の検討を命令し、日本についても「アメリカの太平洋制覇のために日本を完膚なきまでに打倒する計画（オレンジ計画）」の作戦立案を軍に命令している。そしてジョージ・ワシントン同様、先住民に対しても極めて冷酷な態度をとった大統領であった。

そのオレンジ計画を実行して日本に戦争を仕掛けたのが、セオドア・ルーズベルトの遠い従弟にあたるF・ルーズベルトであった。このF・ルーズベルト、先にも述べたように特にアメリカ人における評価はいまだに非常に高い。彼は民主党であったが、共和党のロナルド・レーガン第四〇代大統領も、ルーズベルトのリーダーシップを賞賛したという。確かに、危機の時代には強いリーダーシップが求められる。しかしそれは、天国と地獄、紙一重の世界である。

「大統領令」――トランプ大統領就任直後、この言葉がしばしばマスメディアを賑わした。大統領令とは、議会での立法手続きを経ずに、大統領が政府や軍に直接発する行政命令のことだ。立法府を超えて大統領だからこそできる命令。この大統領令を歴代大統領の中でもっとも多く発令したのが、F・ルーズベルトである。その発令回数は、実に三七二八回。三期一二年という長期政権だったとはいえ、年平均でも三一〇・六回と歴代大統領の中で飛び抜けて多いのだ。議会無視と言ってはやや言い過ぎかもしれないが、いかに強力なリーダーシップを振るっていたかがわかろうというものだ。

「大統領令」を調べてみると、たとえば『知恵蔵』では次のように書かれている。「歴代の米大統領で最も多く大統領令を発したのは、フランクリン・ルーズベルト大統領で、その数は第二次世界大戦時の日系人の強制収容など在任一二年間に三〇〇〇を超す」。ここに、私たち日本人にとっては気にかかる表現が記されている。「日系人の強制収容」。想像してみてほしい。ある人種だけ強制収容（そして財産収奪）する命令を大統領が出していたのである。

日本では、二〇一六年にいわゆる「ヘイトスピーチ解消法」（正式名称：本邦外出身者に対する不当な差別的言動の解消に向けた取組の推進に関する法律）が成立・施行された。外国出身者を差別する言論すら禁じられている今の私たちからすれば到底信じ難い話であるが、歴史を直視してみよう。日系人の強制収容を命じた「大統領令九〇六六号」。それがどのようなものであったのか。全米日系人博物館のホームページから肉声を聴こう。

第二次世界大戦中、一二万三一三人の日系アメリカ人がアメリカ政府によって強制収容所に送られた。かれらの大半は戦時転住局が管理する一〇ヶ所の強制収容所に入れられ、のこりの人々は司法省やそのほかの政府機関が管理する収容所や拘置所に入れられた。

日米開戦の翌年一九四二年に、アメリカ西海岸とハワイの一部の地域にすむ日系アメリカ人たちは、その七割がアメリカ生まれの二世で市民権を持っていたにもかかわらず、強制的に立ち退きを命ぜられた。なんの補償も得られないまま、かれらは家や会社を安値で売り渡さなければならず、中にはすべての財産を失ってしまった人もいた。

日系アメリカ人が国家の安全保障の脅威になるという口実のもと、フランクリン・ルーズベルト大統領は大統領行政命令九〇六六号に署名し、陸軍省に、地域を指定しその地域内のいかなる人にも強制立ち退きを命じる権限をあたえてしまったのである。

それから四〇年後の一九八二年、「戦時市民転住収容に関する委員会」（筆者注：第三九代カーター大統領が設置）は、「大統領行政命令九〇六六号は軍事的必要性によって正当化できるものではない。あらためて歴史的にその原因をさぐれば、それは人種差別であり、戦時ヒステリーであり、政治指導者の失政であった」と、ようやく結論したのである。

（全米日系人博物館ホームページ）


強制収容所送りにし、すべての財産を収奪する。私たちは強制収容所といえばナチス・ドイツを思い出すが、あの時代、アメリカ大統領F・ルーズベルトもそれに匹敵するような「人種差別」「戦時ヒステリー」による「失政」を犯していたのである。これを〝昔の話〟で済ますことはできないと、私は考える。

国家緊急事態になれば、それを解決するためには何でもアリなのだ。戦争がその解決に資するならば（先に述べたように経済的に、そして国民の不満や怒りの矛先を変える意味でも）、戦争だって大いに選択肢としてあり得るのだ。F・ルーズベルト大統領時代のアメリカは、その典型的な例と言えよう。

そして今、新型コロナ禍で、世界中の国がヒステリー状況を呈しているではないか。自国中心主義がはびこっているではないか。

「新型コロナ恐慌」経由「国家破産」への道

「何でもアリ」の話をもう一つだけしておこう。F・ルーズベルトの、よく言えばリーダーシップ、悪く言えば強権により財産を収奪されたのは、日系人だけではなかった。普通のアメリカ人も奪われたのだ。ただし、奪われたのは、ある種の資産だけ。そのある種の資産とは何か？――金《きん》である。

一九三三年四月五日、F・ルーズベルト大統領は、「大統領令六一〇二号」を発令した。この大統領令の冒頭で、F・ルーズベルトは「国家非常事態」が継続していることを宣言した上で、次のように命じたのだ――「金貨・金地金・金証書を、個人・共同・協会・企業によって米国内で保有することを禁止する」。アメリカ国民は、個人も企業も団体も金《きん》の保有を禁じられたのである。

「国家非常事態」とは、言うまでもなく一九二九年一〇月二四日に起きた「暗黒の木曜日」と、それ以降の世界大恐慌を指す。すでに見てきた通り、アメリカ経済はどうにもならない非常事態が続いていた。何か手を打とうにも、国の財政資金がない。そこで、民間の資産を国が収奪することを謀ったのだ。

さてこの時、民間が保有していた金《きん》はどうなったのか？　政府が買い取った。ただし、政府の「言い値」でだ。この時の買い取り（交換）価格は、一トロイオンス（三一・一グラム）あたり、二〇・六七ドル。ところが、である。国民から金《きん》を買い取ってから約半年後の一九三三年一〇月二五日から、大統領は復興金融会社に国内産の金《きん》の買い上げを命じた。そして、買い上げ価格を毎日少しずつ釣り上げて行った。一一月二日からは連邦準備銀行に海外からの金《きん》の買い上げを実施させた。こちらも毎日、買い上げ価格を釣り上げて行った。

そして、翌一九三四年一月三一日に公布された「金《きん》準備法」では、一トロイオンス＝三五ドルという新しい金《きん》価格が定められたのだ。金《きん》の価値は高まり、ドルの価値は大幅に減価した。強制的に金《きん》とドルを交換させられた国民の側からすれば、手にしたドルの価値は四一％も下落したといえる。これは、国家が国民の財産を収奪したのも同然であった。

本章の終わりに、タイムマシンを現代に戻そう。二〇二〇年三月二八日、安倍首相は、新型コロナウイルスの感染拡大を踏まえ、過去最大規模の緊急経済対策を策定するよう指示した。首相官邸での記者会見で、緊急経済対策は「リーマン・ショックを上回るかつてない規模」と強調した。リーマン後の対策は国の財政出動一五兆四〇〇〇億円、民間事業も含めた事業規模で五六兆八〇〇〇億円だった。今回は恐らく財政出動だけで二〇兆円規模になるであろう。

新型コロナの影響により、観光・飲食・イベントなど様々な業種に大きな影響が出たし、臨時休校によって会社を休まなくてはならなくなった勤め人や、そもそも保障のないフリーランスをどう救うのかなど、様々な議論がなされている。救うためには、二〇兆円でも一〇〇兆円でも経済対策を打ち出せばよい。……本当にそうか？　第一章で見たように、銀行にはお金がない。だから、預金者が一斉に引き出しに走れば銀行はそれに応じることはできない。ただし、それは銀行が預金者に支払うモトがないということではない。あちこちに貸したり、証券投資したりしているから、時間をかけてそれを回収すれば預金者に支払うことはできる。

しかし、この国はどうか？　経済減速の影響を受ける個人や中小企業に現金を給付するというが、そのタネ銭、財源はどうなっているのか。「今はそんなコトを言ってる場合じゃない！」という声が聞こえてきそうだが、「今は」ではなくて、いつも財源の問題は後回しになってはいないか。大事なことは、国が出すお金というのは、安倍首相の財布から出るわけではないということだ。

最終的には、国民の財布から出るのである。にも関わらず、この国ではおよそ財源の話はなされない。私は長年口を酸っぱくして言い続けているが、確実に増大し続ける社会保障費の財源であるはずの消費税は、長く八％から引き上げられることはなかったし、新型コロナ禍で今また与野党を問わず「引き下げだ」「廃止だ」という声がかまびすしい。「消費拡大のためだ！」と言われれば一応もっともであるが、本筋である社会保障財源の話はすぐに吹っ飛ぶのである。これが、大衆迎合主義の政治の今後も変わらぬ姿であろう。

となれば、最終的にこの支出を賄う財布は誰の財布になるのか？　バラ撒くだけバラ撒いて、それの財源はとりあえず借金。そんな無計画な借金の財布役は無限にお金を刷ることができる日銀。「それって無責任に思えるけど、本当に永続するシステムなの？」――いやいや、そんなバカな話はない。それをずっと続ければいつかは通貨の信認を失って、ハイパーインフレが襲いくるだろう。つまり、今の新型コロナ恐慌は確実に相当ひどいものになるが、それを乗り越えたとしても、それで終わりではないということだ。

政府は、いや野党も一緒になってこの未曽有の危機を乗り越えるために際限なくお金をバラ撒かざるを得ない。こうしてこの国の借金は無制限に膨張して行くのである。

「一難去ってまた一難」という言葉がある。今、わが国は新型コロナ恐慌という国難を迎えている。この国難は、必ずいつかは終わる。緊急経済対策も一時的にはそれなりの効果をもたらすであろう。しかし、問題はむしろ次にやって来る「一難」ではなかろうか。次にやってくる一難とは、そう、私が訴え続けている「国家破産」である。

国家破産はどういう形でやってくるのか?――大恐慌時代のアメリカのように国民の財産を収奪するか、あるいはそういう「痛みを伴う」ことがいつまでもできずにこのまま日銀の財布を使い続け、最後、通貨が信認を失ってハイパーインフレに見舞われるか。いずれにしても、国家破産となれば、国の借金の最後の担保、国民の財産で始末をつけるしかないのである。つまり、「預金封鎖」である。

いや、預金封鎖ならまだいい。基本的に預金封鎖は一時的措置で、預金切り捨てとイコールではない。わが国で昭和二一年（一九四六年）二月に行なわれた預金封鎖もそうで、最初の目的は翌三月公布された「物価統制令」と共に、進行するインフレを抑制するための措置であった。つまり、出回るお金の量を抑え、物価そのものも抑えようという狙いだったのだ。

また、預金封鎖と言っても引き出しが完全にできなくなるのではなく、ひと月当たり、世帯主で三〇〇円、世帯員は一人各一〇〇円引き出し可能とされた。これがどのくらいに当たるかと言うと、一九四六年の国家公務員大卒初任給が五四〇円であり、それを基に現在の貨幣価値に換算すると、世帯主が一二万円くらい、世帯員が一人各四万円くらいであろうか。だから、この段階では預金そのものは消えてはいない。

しかし、この預金封鎖は同年七月～八月にかけて、その性格を変貌させる。その時断行されたのは、事実上の預金の消滅である。まず、封鎖預金は二種類に分割された。一般庶民の小口預金（原則、一口三〇〇〇円未満）を意味する第一封鎖預金と資産家の大口預金である第二封鎖預金とにである。そして、第二封鎖預金の多くは切り捨てられた。切り捨て率は、当時最大の都市銀行であった帝国銀行（現在の三井住友銀行）で七六％にも達した。第二封鎖預金は四分の一になってしまったのである（なぜこんな措置が執られたのかに関しては、『この国は95％の確率で破綻する!!』〈第二海援隊刊〉に詳述しているので、ぜひお読みいただきたい）。

将来、必ず生起するであろう国家破産が、一体どんな形を取って襲いくるのか。それはわからない。ただ一つ言えることは、「借金は必ず返さなくてはいけない」ということ。そして繰り返すが、それを返すお金は国民の財布からしか出てこないということだ。最悪の場合、今見てきたような形で預金は消滅する。特に預金が一〇〇〇万円以上ある方は、心してもらいたい。

第三章

二〇〇八年リーマン・ショック時にあなたの預金は消えるところだった

本当に預金は安全なのか？

安全性の高い金融商品は何か？　こう問われた時、多くの人が真っ先に挙げるのが「銀行預金」に違いない。銀行預金は元本保証だ。基本的に元本割れすることはない。元本に加え、微々たるものとは言え、利息も付く。「預金」の文字が示す通り、私たちは銀行にお金を預けているのだ。これは一般的には正しい認識と言えるかもしれないが、本質的には誤りだ。お金という、私物を預ける（預かってもらう）なら、保管料を取るのが普通の商売というものだ。

しかし、銀行預金は違う。元本を保証され、安全に預かってもらえるにも関わらず保管料を取らず、逆に利息という名のお金がもらえる。なぜ、こんなことが起きるのか？

私たちは当たり前のように「銀行にお金を預ける」と言うが、本質的には「銀行にお金を貸す」と言う方が正しい。利息というのはお金のレンタル料だから、お金を借りる側が支払いお金を貸す側が受け取る。私たちがお金を預けて利息をもらうことができるのは、銀行にお金を貸しているからに他ならない。ただ単に、お金を保管してもらっているわけではないということだ。

預金者からお金を貸してもらった銀行は、そのお金を他の個人や企業などにより高い利息を付けて貸し出したり、利益が見込めるものに投資するなどして収益を上げる。つまり、私たちが銀行に預けたお金は、銀行が利益を上げるために運用されているのだ。運用が上手く行っているうちはよい。元本は絶対に毀損しないし、決められた利息も必ずもらえる。

しかし、銀行の運用は常に上手く行くとは限らない。融資したお金の返済が滞ることもあるし、投資したものが損失をもたらすこともある。もちろん、そうならないように銀行ではなるべく安全な運用がなされるわけだが、経済環境が極端に悪化するとどうしても融資の焦げ付きは増えるし、投資による損失も増える。銀行とて一民間企業だ。収益力を失い、財務が蝕まれれば、経営が立ち行かなくなり破綻する場合がある。そうなると、私たち預金者が預けたお金は毀損する。これが預金というものの本質だ。今回の新型コロナウイルスの感染拡大を発端とする市場の大混乱は、このことを私たちに改めて突きつける。

これまで、銀行などいくつもの金融機関が破綻した。銀行が破綻すると、どうなるのか？　過去の事例を振り返ろう。

一九九〇年代の日本の金融危機

銀行破綻と聞いて、多くの日本人が思い浮かべるのは一九九〇年代、特に後半の金融危機だろう。一九九〇年代に入りバブルが崩壊するまで、わが国には「銀行不倒神話」が存在し、誰もがそれを信じていた。銀行が潰れることなどあり得ない時代だったのだ。バブル崩壊後、多くの金融機関が経営難に喘いだ。それらの中には損失補填、不正な会計操作や粉飾決算といった不祥事に手を染める金融機関もあった。何が何でも破綻を回避しようと、財務の健全性を必死に取り繕ったのだ。

しかし、ごまかしや弥縫策《びほうさく》はいずれ行き詰まる。一九九五年頃になると、金融システムに綻びが見え始め、金融危機の大津波が押し寄せる。一九九五年七月三一日、東京の「コスモ信用組合」が破綻した。バブル期に取得した株式や土地などの資産価値暴落と大口融資規制違反による多額の不良債権の発生や、大口預金の引揚げにより、実質的に自転車操業に陥っていた。高利を謳う「マンモス定期」で預金を集めていたが、ついには資金繰りに行き詰まった。

コスモ信用組合の破綻の影響は、他の金融機関にも波及する。「木津信用組合」で取り付け騒ぎが発生した。木津信用組合は一時は預金高一兆円を超えるマンモス信組であったが、そのほとんどを不動産関係の無謀とも言える融資に充て、その後のバブル崩壊で経営が悪化した。そして一九九五年八月三〇日、ついに経営破綻した。

木津信用組合が破綻した八月三〇日、第二地銀の「兵庫銀行」も破綻している。銀行としては戦後初の経営破綻となり、銀行不倒神話は崩壊した。兵庫銀行は積極的な拡大路線をとり、一九九〇年のピーク時には資産が四・四兆円に達し、当時の第二地銀最大手となった。預金も急激に増加し、預金量は一九九一年には三・七兆円に達した。しかし、バブル崩壊により関連ノンバンクの経営悪化が表面化すると、兵庫銀行の経営もまた、坂道を転がるように一気に悪化して行った。やはり、兵庫銀行も不動産や株式への過剰な投資が仇となった。一九九三年には預金量が二・四兆円に減り、資金不足が深刻化した。とどめを刺したのが一九九五年一月に発生した阪神淡路大震災である。この地震により、三宮の本店が倒壊するなど兵庫銀行は大打撃を受け、同年八月に破綻に至った。

その後も一九九六年三月に第二地銀の「太平洋銀行」が破綻、同年一一月に和歌山県を地盤とする第二地銀、「阪和銀行」が破綻するなど、金融機関が次々に倒れて行った。

一九九七年一一月三日には、準大手証券会社の「三洋証券」が破綻した。上場証券会社として戦後初の破綻となった。バブル期に、多数の大型ディスプレイを備えた世界最大規模のトレーディングルームを造るなど積極経営を推し進めたが、バブルが崩壊するとこのような過剰投資が経営の足かせとなった。致命傷となったのは、子会社のノンバンク「三洋ファイナンス」が行なった不動産関連融資だ。三洋証券は、不良債権化したこれらの融資の債務保証を行なっていたため、破綻に至った。三洋証券の破綻は信用収縮を誘発し、経営難に陥っていた金融機関をいよいよ追い詰めて行った。

三洋証券破綻からわずか二週間後の一一月一七日、日本中に衝撃が走った。「北海道拓殖銀行」が破綻したのだ。都銀としては戦後初、そして現在までで唯一の破綻銀行となった。一九八〇年代後半に増やした不動産向け融資がバブル崩壊により不良債権化し、経営を圧迫した。一九九四年頃からいくつかのメディアが拓銀の経営不安を報じ、その度に預金が流出した。預金額は九四年の八兆七〇〇〇億円をピークに、一九九七年には五兆九〇〇〇億円へと減少した。資金調達は難航し、他行よりはるかに高い利息を付けた大口定期預金や、短期金融市場から資金を集めることでなんとか凌いでいた。しかし、一一月に三洋証券が破綻すると、短期金融市場は大混乱に陥り、拓銀は同市場からの資金調達が困難になり、ついに自主再建を断念した。

さらに破綻の連鎖は続く。拓銀破綻の一週間後、一一月二四日には四大証券の一角を占めていた「山一證券」が自主廃業した。山一證券は法人顧客に対し、「握り」と呼ばれる売買一任勘定による利回り保証をしていた。バブルが崩壊すると、発生した損失を子会社に移す「飛ばし」により、粉飾決算を行なってい た。やがて優良顧客への損失補填と簿外債務の存在が明らかになり、自主廃業を発表、事実上の破綻となった。

翌九八年も金融機関の大型倒産が相次いだ。一〇月には「日本長期信用銀行」が破綻し、国有化された。バブル期にノンバンク、建設、不動産などに行なった融資がバブル崩壊後、不良債権化し経営を圧迫し、債務超過に陥ったのが破綻の引き金となった。さらに一二月には「日本債券信用銀行」も経営破綻し、一時国有化された。やはり、バブル崩壊により発生した巨額の不良債権から債務超過に陥り、破綻に至った。

このように、一九九〇年代後半のわが国の金融システムは大きく動揺し、まさに金融恐慌と言うべき状況であった。この不況が、単なる不況ではないと国民の多くが思い知らされることになる。この頃から「デフレ」という言葉を頻繁に耳にするようになり、モノが売れず価格がどんどん下落して行った。

追い詰められた政府は、銀行の資本を増強するため一九九八年三月と一九九九年三月の二度にわたり公的資金の注入を行なった。本来であれば、もっと早い段階で公的資金の注入に踏み切るべきであった。今なら誰もが賛成するに違いないし、実際そのような議論はあったのだが、当時の世論はそれを良しとしなかった。

一九九六年に住宅金融専門会社（住専）の処理をめぐり国会で審議が行なわれると、公的資金投入に対し国民から激しい批判が起きた。国民の怒りも当然だ。大不況の中、多くの企業が倒産し、多くの人がリストラ、失業の憂き目にあう中、なぜノンバンクの住専を国民の税金を使って救うのか？「ふざけるな！」と思わない方がどうかしている。

しかし、国民による当然のこの批判は、結果的にはバブル崩壊の傷口を広げることになってしまった。公的資金の本格投入が遅れ、不良債権処理が先送りされたことで、一九九七年以降の金融危機やいわゆる「失われた一〇年」を招いてしまったのだ。その結果、かえって公的資金の投入額が膨らんでしまったといわれる。結局、一九九二年から合計五一兆円もの公的資金が投入されることになったのである。

金融機関が破綻しても預金は保護されるのか？

すでに述べたように、銀行は預金者から集めたお金を個人や企業などに融資したり投資したりして運用している。経済環境の悪化により融資の返済が滞ったり投資による損失が生じたりすれば、銀行の経営状態は悪化する。その結果倒産に至った場合、私たちの預金は当然、毀損する可能性が出てくるわけだ。

では、嵐のような一九九〇年代の金融危機において、数多の金融機関が潰れる中で私たちの預金は一体いくらくらい失われたのだろうか？　答えはゼロ円だ。私たちの預金はまったく失われていない。預金は全額保護されたのだ。なぜ、あれほど多くの金融機関が破綻したのにも関わらず、すべての預金が保護されたのだろうか？　これには「預金保険制度」（ペイオフ）が深く関係する。

わが国には預金保険制度が存在する。銀行などの金融機関が破綻した場合、一定額の預金を保護する仕組みだ。一九七一年七月、アメリカの連邦預金保険公社（ＦＤＩＣ）をモデルに預金保険機構が設立され、わが国の預金保険制度はスタートした。同機構設立当初の保護上限額は一〇〇万円であった。その後、預金額の増加に合わせ、上限額は随時引き上げられた。一九七九年には三〇〇万円、一九八六年には一〇〇〇万円に引き上げられ、さらに二〇〇一年には一〇〇〇万円に加えて利息についても保護の対象となった。

しかし、ペイオフはバブルが崩壊するまで一度も発動されることはなかった。右肩上がりの経済に加え、護送船団方式によって守られた銀行が潰れることなどあり得なかった時代だ。

ところがバブルが崩壊すると、金融機関を取り巻く環境は一変、銀行をはじめとする金融機関がバタバタと潰れて行った。「自分の預金はどうなってしまうのか？」国民の不安は否応なく高まる。国民の不安を放置すれば全国で取り付け騒ぎが頻発し、下手をするとほとんどの銀行が潰れかねない。そこで政府は一九九六年、ペイオフの凍結を決めた。一〇〇〇万円という保護の上限を撤廃し、残高に関わりなく預金を全額保護することに決めたのだ。これにより、国民の預金はすべて守られることになった。

しかし、この世にタダで降ってくるお金はない。全額保護のコストは金融機関への公的資金注入という形で結局、税金が使われる。そのため全額保護はあくまでも時限措置であり、その後ペイオフは解禁され、再び保護には上限が設けられることになる。

当初、ペイオフ解禁は二〇〇一年四月に予定されていたが、一年延期され、二〇〇二年四月に実施された。しかし、定期預金など貯蓄性のある預金はペイオフ解禁となったが、普通預金と当座預金のペイオフはさらに延期となった。二〇〇一年一二月には「石川銀行」、二〇〇二年三月には「中部銀行」が破綻するなど、当時の金融システムはまだまだ脆弱で、ペイオフの全面解禁は難しい状況であった。事実、ペイオフの部分解禁を前に定期預金を解約し、普通預金に移し替える預金者が急増した。「三井住友」「ＵＦＪ」「東京三菱」「第一勧銀」「富士」の大手都銀五行の普通預金などの流動性預金は、二〇〇一年二月末から二〇〇二年二月末までの一年間で三割以上、約一一兆円も増加している。銀行に対する人々の不安がいかに大きかったかがわかる。

大手行は普通預金への資金集中を抑制するため、ペイオフ解禁に合わせ二〇〇二年四月から普通預金の金利を大幅に引き下げた。普通預金に対する預金保険料が上がり、コスト負担が重くなったためだ。

ペイオフが解禁された後、二〇〇三年一一月には「足利銀行」が破綻したが、金融システムへの影響を懸念した政府は公的資金を投入し、定期預金も全額保護された。その後、破綻が懸念される金融機関がほぼなくなり、二〇〇五年四月、ようやくペイオフが本格的に解禁された。

こうして振り返ると、一九七一年に預金保険制度が導入されて以来、ペイオフが凍結された時期はもちろん解禁された時期であっても、預金は保護されている。「結局、何だかんだ言っても預金は保護される。心配ないじゃないか」と思われるかもしれない。確かに、そういう面はある。特に金融危機などの際に、杓子定規にペイオフを実施すると、至るところで取り付け騒ぎが発生し社会は大混乱に陥る。取り付け騒ぎ自体が原因で破綻する銀行が続出しかねない。そうならないようにするため、ペイオフを凍結するのはよくある話だ。預金を全額保護し、預金者をとにかく安心させるわけだ。

リーマン・ショックの際も、欧米諸国、香港、シンガポール、マレーシア、オーストラリア、ニュージーランドなど多くの国が、預金保護額の引き上げや預金の全額保護といった預金保険の拡充策を相次ぎ実施している。

しかし、だからといって「結局、預金はいついかなる時も国が保護してくれる」という考えはあまりにも危険だ。実際、わが国でも過去にペイオフが発動された例はある。第一章で詳しく述べたように二〇一〇年に破綻した「日本振興銀行」の預金の一部がカットされたのだ。

同行は、独特な銀行であった。中小企業向けの融資、定期預金専門で、当座預金や普通預金は扱っていない。金融庁は「新たな形態の銀行等」と分類している。同行が注力した中小企業向け融資の分野は、大手銀行も含め競争が激しく、景気低迷により中小企業の資金需要が限られる中、同行の経営は悪化した。大幅な債務超過に陥り、自力再建を断念、二〇一〇年九月、六〇〇〇億円超の負債を抱え経営破綻した。二〇〇三年の設立から、わずか七年の短命に終わった。銀行破綻としては二〇〇三年の足利銀行以来の破綻となった。

一九七一年に預金保険制度が創設されて以来、約四〇年で初めてペイオフが発動された。預金保険法に基づき、預金の払い戻し保証額は元本一〇〇〇万円とその利息までとされ、預金のうち一〇〇〇万円を超える部分はカットの対象となった。

ところで、それまですべての銀行の預金が結果的に全額保護されてきたにも関わらず、なぜ日本振興銀行に対してはペイオフが実施されたのだろうか？その理由をひと言で言えば、「社会に対する影響が大きくはなく、混乱を招く可能性が低いと判断されたため」ということになろう。

破綻時の同行の預金者は一一万人程度で、そのうち一〇〇〇万円を超えるお金を預けていた預金者は約三%程度であった。もちろん、中には数千万円という高額の預金をしていた人もいたようだが、銀行破綻の預金者への影響としては全体として軽微と言ってよい。また、同行は銀行間市場からの資金調達がなく、破綻が他の金融機関に連鎖する懸念もなかった。

一方で、同行は「破綻しても一〇〇〇万円とその利息までは国が保護する」といった謳い文句を掲げ、高金利で預金を集めていた。これについて、預金保険制度を悪用したモラルハザードだとの批判があった。そのような批判も、ペイオフ発動へと当局の背中を押したのかもしれない。金融庁の検査をめぐり、銀行法違反（検査忌避）容疑で経営陣が逮捕されるなど、金融庁は公的資金投入には国民の理解が得られないと判断したようだ。

このように、銀行の破綻により預金が毀損することは実際に起こりうる。それが社会におよぼす影響が大きい場合はペイオフは凍結され、預金は全額保護される可能性が高い。破綻やペイオフ発動がおよぼす社会的影響が大きい銀行は、一般的にはメガバンクなどの大手行となる。

では、大手行なら安心か？　私の答えは「あるレベルまでは安心できる」ということだ。これは逆に言えば、「あるレベルを超えると、まったく安心できない」ということになる。では、「あるレベル」とは何を意味するのか？　それは金融機関の連鎖破綻である。銀行が次々に破綻して行く。一行、二行、三行と立て続けにバタバタと潰れて行く。一九九〇年代後半の日本経済がまさにそんな感じだった。それだけでも大変な事態だが、何十もの銀行がバタバタと倒れて行く状況をあなたは想像できるだろうか？

いくら何でも大げさだと思われるかもしれない。しかし、第二章で詳述したように、一九三〇年代の世界恐慌の際には、何十どころではなく、何千もの銀行が破綻したのだ。当時、アメリカでは株の大暴落から景気が極度に落ち込んだ。多くの企業が倒産し、失業者は一二〇〇万人を超えた。失業率は、一九三三年には二五％程度まで悪化した。四人に一人が失業していたことになる。

信用収縮が発生し、銀行では取り付け騒ぎが相次いだ。銀行の経営難は深刻化し、一万行もの銀行が閉鎖された。そして、一九三〇年～一九三三年までの間に、九〇〇〇行を超える銀行が破綻したのだ。

破綻した大量の銀行が、財務基盤のより強固な大手行へと次々に吸収されて行った。引き継がれた利用者の預金口座に残っていたのは、本来の預金残高の八五％程度であったという。つまり、預金の一五％は毀損したわけだ。ちなみに、わが国の預金保険機構が手本にしたアメリカの連邦預金保険公社（ＦＤＩＣ）は、この世界恐慌を機に一九三三年に設立された。

条件が揃えば、銀行はいとも簡単に破綻する。下手をすると、何十、何百、いや何千もの銀行が連鎖破綻することさえあり得ると歴史が証明している。その時は、預金保険さえ当てにできないかもしれない。

これは、決して昔話ではない。今世紀に入ってからも、預金が毀損するリスクが一気に高まったことがある。二〇〇八年に世界を震撼させた金融危機、「リーマン・ショック」である。

リーマン・ショックであなたの預金は消えるところだった

二〇〇八年九月のリーマン・ショック以降、世界経済は未曽有の金融危機に見舞われた。ただ、その一年ほど前の二〇〇七年夏頃からサブプライムローン問題が世界経済の重大なリスクとして浮上し、市場を激しく揺さぶった。信用力の劣る個人を対象にしたこの住宅ローンも、住宅価格が上昇しているうちは何の問題もない。住宅価格の上昇が旺盛な消費を支え、景気が拡大し、それが住宅価格をさらに上昇させるという好循環が生まれた。住宅価格の上昇が、アメリカの好景気を支えていたのである。

しかし、膨張する住宅バブルに危機感を強めたＦＲＢ（米連邦準備制度理事会）が金融引き締めに転じると、この好循環は瞬く間に暗転した。住宅ローン金利の上昇が住宅の需要にブレーキをかけ、住宅価格は下落に転じた。その結果、ローンの返済に行き詰まる人が増え、延滞率も上昇して行った。サブプライムローンの債権は、住宅ローン担保証券（ＲＭＢＳ）や債務担保証券（ＣＤＯ）といった証券に加工され、世界中の金融機関やファンドなどの投資家に販売された。通常の住宅ローンの場合、焦げ付くと、融資した金融機関が損失を被る。しかし、小口に証券化されたローン債権なら、多数の投資家にリスクを分散することができる。しかも、個別にはリスクの高いサブプライムローンを複数集めてパッケージすることにより一つひとつのリスクは薄められる。一部のローンが焦げ付いたとしても全体としては高いリターンを得られる「画期的な金融商品」というわけだ。住宅価格が下落したとしても金融危機など起きないはずであった。

ところが、その計算は裏切られた。住宅市況の反転により多数のサブプライムローンが焦げ付き、証券が値下がりした。その結果、証券に投資していた金融機関やファンドなどが大きな損失を被ることになった。しかも世界中の金融機関が国境を越えて投資していたため、影響は世界中におよんだ。リスクを分散したつもりが、逆にリスクを世界中に拡散してしまったのだ。

二〇〇六年半ばからアメリカの住宅価格が下落に転じ、住宅ローンの延滞や物件の差し押さえが増加し、住宅ローン業者の破綻も相次いだ。サブプライムローンのリスクに対する警戒感は、次第に高まって行った。

二〇〇七年四月にはサブプライムローン大手の「ニュー・センチュリー・ファイナンシャル」が破綻した。この頃には、サブプライムローンを組み込んだ証券の価格も下落し始める。当初、サブプライムローン問題がアメリカの金融システムにおよぼす影響は限定的と考える人が多かったが、ローンの焦げ付き増加や証券価格の下落は次第に金融機関の財務を蝕んで行った。

六月には米証券大手「ベアー・スターンズ」傘下のヘッジファンド二社が経営難に陥った。八月にはドイツの「IKB産業銀行」がサブプライム関連で巨額の損失を出し経営危機に陥った。さらにフランスの最大手銀行「BNPパリバ」が傘下の三ファンドの資金の出し入れを凍結した。この「パリバ・ショック」は欧州金融市場を激しく揺さぶり、信用不安が一気に広がった。ECB（欧州中央銀行）は事態を沈静化させるため、巨額の資金を市場に供給した。

九月にはイギリスの中堅銀行「ノーザン・ロック」の経営危機が表面化する。「イングランド銀行」（イギリス中央銀行）が二五〇億ポンドの緊急救済融資を行ない、個々の金融機関を監視するイギリス金融サービス機構（ＦＳＡ）が「ノーザン・ロックの資産内容に問題はない」との声明を出したが、このことがかえって預金者の不安を増幅させた。そして、ついに取り付け騒ぎが起きた。「ノーザン・ロック」の支店に多くの人々が押しかけ、次々に預金を引き出して行った。週末の二日間だけで、全預金残高の約八％に相当する二〇億ポンドもの預金が流出した。週が明けても取り付け騒ぎは収まらず、慌てたイギリス政府は「ノーザン・ロック」の預金の全額保護に踏み切った。この緊急措置により取り付け騒ぎはようやく収束して行った。

サブプライムローンに関連する欧米金融機関の損失拡大が、次々と明らかになった。ＥＣＢやＦＲＢなど欧米五つの中央銀行が連携して大規模な短期資金供給を実施したが、株式市場はたびたび急落に見舞われた。

二〇〇八年に入ってからも金融不安は続いた。三月には、米証券五位の「ベアー・スターンズ」が経営危機に陥った。取引銀行が一斉に手を引き、約一七〇億ドルあった手元現金はわずか二日間でほぼ底を突いたという。欧米五つの中央銀行は二〇〇〇億ドル（約二〇兆円）規模の資金を市場に供給したが、市場の動揺は収まらず、結局、「ベアー・スターンズ」は「ＪＰモルガン・チェース」に救済買収されることになった。

七月には米住宅金融大手「インディマック・バンコープ」、米地方銀行の「ファースト・ナショナル・バンク・オブ・ネバダ」と「ファースト・ヘリテッジ・バンク・オブ・ニューポートビーチ」が次々に破綻した。

そして、運命の九月がやってくる。それまでの一年間に起きたいくつもの危機とはまるで比べものにならないほどの、破滅的な金融危機が私たちを待ち受けていた。

九月七日、同月最初の大きなニュースが世界を駆けめぐった。米政府が、「米連邦住宅抵当公社」（ファニーメイ）、「米連邦住宅貸付抵当公社」（フレディマック）を政府の管理下に置くと発表したのだ。両社の住宅ローン債権は約五兆ドル。これはアメリカの住宅ローン残高の約半分に相当する規模だ。最大二〇〇〇億ドルの公的資金枠を設定、両社は政府の管理下に置かれることになった。これは当時、政府による史上最大規模の救済となった。

九月一五日には、リーマン・ショックの名称の由来となった米証券「リーマン・ブラザーズ」が破綻した。負債総額は六一三〇億ドルにのぼり、米国史上最大の倒産となった。米政府はベアー・スターンズや住宅公社二社の経営危機の際には救済措置を取った。「大き過ぎて潰せない」――規模の大きな金融機関は経済に与える影響が大きいから潰せない。誰もがそう信じて疑わなかった。ところが、米政府は「リーマン・ブラザーズ」の救済を拒んだ。このことは金融市場にすさまじい衝撃を与えた。

一五日のニューヨークダウは、二〇〇一年の同時多発テロ以来の下げ幅となる五〇四ドルの下落となった。日経平均も一六日に六〇〇円以上も値下がりした。こうして歴史的な株価大暴落の幕は切って落とされた。市場は金融機関の連鎖破綻への恐怖に包まれ、資本が不足していると見られるあらゆる金融機関の株、社債が売り込まれた。その一つであった米証券三位の「メリルリンチ」もやはり公的支援は受けられなかったが、最終的に米銀行大手の「バンク・オブ・アメリカ」に救済買収された。

そして、リーマン・ブラザーズに続く危機の大津波が世界経済を襲った。米保険最大手「ＡＩＧ」（アメリカン・インターナショナル・グループ）の経営危機が表面化したのだ。ＡＩＧの株価は大暴落していた。それまでの半年で約九〇％も下落したのだ。社債も元本の半値程度にまで下落した。米政府は当初、ＡＩＧについても支援を拒否し、他の民間金融機関に融資を要請している。ところがリーマン破綻の影響の深刻さを目の当たりにした政府は一転、救済に踏み切った。ＡＩＧに対して、最大八五〇億ドルの融資を決めた。

リーマン・ショックに動揺した株式市場は、ＡＩＧ救済のニュースにひとまずは反発した。その後、ＳＥＣ（米証券取引委員会）による株式の空売りに対する規制強化や、日米欧の六つの中央銀行が協調し、総額一八〇〇億ドルのドル資金供給で合意するなど、次々に対策を打ち出したものの市場の動揺はなかなか収まらなかった。金融機関救済への米政府の一貫性のない対応が、市場の不信を深めていた。

その後も世界中で金融業界の再編・淘汰の嵐が吹き荒れた。十八日にはイギリスでは住宅融資最大手の「ＨＢＯＳ」が経営危機に陥り、英大手銀行「ロイズＴＳＢ」に救済合併された。二五日には米貯蓄金融機関（Ｓ＆Ｌ）「ワシントン・ミューチュアル」が破綻し、「ＪＰモルガン・チェース」が買収した。「Ｓ＆Ｌ」とは日本の信用金庫、信用組合に相当する金融機関で、「ワシントン・ミューチュアル」は全米に二〇〇〇以上の支店、一八八〇億ドルの預金残高を持つＳ＆Ｌ最大手であった。サブプライムローンを含む個人向けの住宅融資を拡大してきたが、焦げ付きが急増し、経営が悪化した。

二九日には、英中堅銀行「ブラッドフォード・アンド・ビングレー（Ｂ＆Ｂ）」が一部国有化された。約二〇〇ある支店や約二四〇億ポンドの預金はスペイン最大手銀行の「サンタンデール」に買収されることになった。

アイスランドでは、同国第三位の「グリトニル銀行」が国有化され、北欧初の銀行破綻となった。

また、アイルランド政府は国内にある六つの銀行の預金を全額保護すると発表した。すると、イギリスにある数万人もの預金がアイルランドの金融機関に流入する事態となった。

混乱は様々な憶測やうわさを呼ぶ。そして、それによる取り付け騒ぎも発生した。香港の地場銀行最大手の「東亜銀行」、インドの民間銀行最大手の「ＩＣＩＣＩ銀行」でそれぞれ経営危機のうわさが流れ、取り付け騒ぎが起きている。

未曽有の金融危機の嵐が吹き荒れる中、九月一九日、米政府は総合的な金融安定化策を打ち出した。最大七〇〇〇億ドルの公的資金により、金融機関から不良資産を買い取ることを中心とする内容だ。二八日には米政府と議会は、金融安定化法案の内容について大筋で合意した。これにより、同法案は成立に向けて大きく動き出した。

ところが、翌二九日、信じられない事態が起きた。法案が米下院で反対多数で否決されたのだ。前日の合意により可決は確実視されていたが、共和党議員の多数が反対に回った。マネーゲームに踊った金融機関を税金で助けることに対する国民の反発が背景にある。

この〝まさかの出来事〟は世界中に衝撃を与え、金融市場はまたも激震に見舞われる。ニューヨークダウは七七七ドル安という過去最大の下げ幅を記録した。東京市場でも売り注文が殺到し、日経平均は四八三円の値下がりとなった。

その後、世論の反発に配慮し、金融機関が破綻した際の預金保険が拡充された。預金保険の保証上限額を、当時の一〇万ドルから二〇〇九年末までの時限措置として二五万ドルまで引き上げることが法案に盛り込まれた。

一〇月一日、金融安定化法案の修正案は米上院で可決された。三日には下院でも可決され、金融安定化法はようやく成立した。それでも金融市場の動揺は一向に収まらなかった。八日には、一〇ヵ国・地域の中央銀行による異例の世界同時利下げが実施されたが、株価は下げ止まらず、世界中の市場で連日のように暴落した。結局、暴落開始から株価が大底を付けるまでには約半年の時間を要した。

株価の暴落が止まらず、多くの金融機関の経営が悪化する中、財務の健全性や経営体力の劣る銀行からは大量の預金が流出した。取り付け騒ぎが頻発する中、預金者の不安を解消するため、多くの国が次々に預金保険の拡充に動いた。三日にはイギリスが預金保護の上限額をそれまでの約一・四倍の五万ポンドに引き上げた。四日にはイギリス、ドイツ、フランス、イタリアの四ヵ国首脳が緊急会合を開き、預金保険の拡充などの緊急声明を発表した。五日にはドイツ、六日にはデンマークが国内預金の全額保護を表明した。ドイツについては、メルケル首相がいち早く預金全額保護を打ち出したアイルランドを強く批判していたが、高まる金融不安の前に同様の措置に追い込まれた。

当時、約五〇もの国・地域が預金保護の拡充を実施したという。しかし、預金の全額保護は決して当たり前のことではない。あくまでも時限措置だ。仮に多くの国が預金保険の拡充に動かなかったとしたら、あるいは預金の全額保護を担保するのに十分なドル資金が供給されなかったとしたら、世界中で多くの人々の預金が毀損していたに違いない。

あなたの預金はいとも簡単に消滅する

これまで世界は、いく度となく金融危機に見舞われてきた。それはこれからも変わらないに違いない。今後も間違いなく金融危機は起きる。その度にいくつもの金融機関が実質的に破綻し、私たちの預金は毀損するリスクにさらされる。不安に駆られた人々は銀行に殺到し、われ先にと預金を引き出す。高まる金融不安をなんとか収めようと、政府は巨額の資金を供給し、預金の全額保護に動く。今後もこのプロセスが繰り返されることだろう。

それなら問題ないと思われるかもしれない。結局、預金は保護されるのだから。しかし、コトはそう単純な話ではない。金融市場というものは、人為的にその機能を歪めると、時に強烈な制裁を私たちに加えることがあるのだ。あたかも、行き過ぎた開発で自然を破壊した結果、過酷な自然災害が多発する現在の地球のように――。

その兆しは、すでに出現している。二〇一九年九月、株高をよそにアメリカの短期金融市場が大混乱に見舞われたのだ。

ウォール街は一七日朝、いずこも大騒ぎだった。重要な翌日物資金調達市場が突然干上がった。一三日に始まった米短期金融市場の小さな揺れは急速にエスカレートしていた。

ニュージャージー州の比較的小規模なブローカーディーラーでスコット・スクリム氏は資金が枯渇していくのを感じることができた。「クレイジーだ！」とスクリム氏は叫んだ。市場全体が目を離すことができずにいる翌日物レポ金利が、一時一〇％に達した。一週間前の四倍だった。

（ブルームバーグ二〇一九年九月一八日付）

「レポ金利」とは、金融機関同士が短期の資金を貸し借りする際の金利だ。アメリカの短期金融市場には、主にＦＦ（フェデラル・ファンド）市場とレポ市場がある。ＦＦ市場は、無担保で銀行間の資金のやり取りが行なわれる市場だ。一方、レポ市場では、国債などを担保として、銀行だけでなく保険会社やヘッジファンドなど様々な企業が資金のやり取りを行なう。そして現在、金融機関や企業の資金のやり取りについては、レポ市場での取引が主流になっており、金融市場においてレポ金利は非常に重要性が高い。

レポ金利は通常、ＦＦ金利に近い動きをする。金利が急騰する直前、ＦＲＢはＦＦ金利の誘導目標を二〜二・五％に設定しており、レポ金利は二％強を付けていた。それが、九月一七日に突然一〇％へと跳ね上がったのだ。

アメリカの金利上昇は、米ドルの調達コストの上昇を意味する。世界経済を根本から支える基軸通貨米ドルの金利が急上昇し、ドルを調達できない状況になれば、銀行も含め多くの企業が一瞬にして吹き飛びかねない。慌てたＦＲＢは、ニューヨーク連銀を通じてその日だけで六兆円もの資金を市場に供給した。それでも混乱は収まらず、連日、市場への介入を続けたのだ。その後も株価は上昇を続け、ニューヨークダウは二〇二〇年二月一二日には二万九五五一ドルの史上最高値を記録した。市場の動揺は上手く制御できたかに見えた。
しかし、とんでもない危機が待ち受けていた。「コロナ・ショック」である。新型コロナウイルスの感染拡大が世界経済に大打撃を与え、二月下旬から株価の大暴落が始まったのだ。

各国は次々に経済対策を打ち出した。アメリカは一兆ドル規模の経済対策を打ち出し、ＦＲＢは緊急利下げに踏み切り、政策金利はゼロ〜〇・二五％へと一気に引き下げられた。日米欧の六つの中央銀行は、米ドル資金供給の拡充を発表した。リーマン・ショックの際の「成功体験」から対策は小出しにせず、早期に大規模に行なうことは経済危機時の鉄則となっている。特にアメリカは、十分過ぎるほどのスピード感と規模感で対策を打ち出した。

ところが、暴落は一向に収まらない。株式市場はあのリーマン・ショックをも上回る津波のような速度で暴落して行った。二万九〇〇〇ドル台を付けていたニューヨークダウは、一ヵ月後の三月二三日には一万八〇〇〇ドル台へと大暴落した。

短期市場では景気の先行き不安から金融機関によるドル需要が急増し、ドル不足が顕著になった。市場でのドルの調達コストは上昇し、流動性も低下した。それは為替相場にも表れている。近年、日本円は最強のリスクオフ通貨であり、経済危機や株価の暴落時などは決まって円高になったものだ。

今回のコロナ・ショックでも、ドル／円相場は三月九日には一時、一ドル＝一〇一円台まで円高が進んだ。しかし、その後反転し、同月二〇日には一ドル＝一一一円台まで急激にドル高が進行した。ドル需要がドルの価値を押し上げているわけで、ドル不足の深刻さが窺える。

ドル不足は、ドル建て債務に依存する新興国経済を窮地に追い込む。ＢＩＳ（国際決済銀行）によると、新興国のドル建て債務は二〇一九年六月時点で三兆七四〇〇億ドルにのぼる。ドルの調達コストの上昇に加え、ドル高（新興国通貨安）が進めば、多くの企業が資金繰りに行き詰まり新興国経済は大混乱に陥りかねない。

大規模かつ迅速な経済対策にも関わらず市場の動揺が収まらないため、各国は経済対策のさらなる拡張を迫られた。アメリカは経済対策の規模を当初の二倍の最大二兆ドルとした。これはＧＤＰの実に一〇％近い規模だ。オーストラリアの経済対策は、一〇日間で一〇倍の規模に引き上げられた。他の国も、中小企業への資金繰り支援や社会保険料の減免など巨額の経済対策を次々に打ち出している。

本稿を執筆している三月末現在、まだまだ市場は安定には程遠い状況だ。このコロナ・ショックが今後どのように展開し、いつ終息を迎えるのかはわからない。今回の危機が金融システムへと波及し、金融機関がバタバタと潰れる事態も考えられる。その時、あなたの預金は果たして大丈夫だろうか？

これまで通り、潤沢な資金供給と預金保護の拡充により、銀行が破綻しても預金は無傷で済むかもしれない。しかし、あまりにも債務に依存した世界経済に本当に死角はないだろうか？　株が暴落したからポンと一兆ドル、足りなければ二兆ドルと巨額の資金をバンバン注入し、金利を力づくで抑え込み、株価を押し上げる。こんなことを繰り返していたら、いずれ金利は制御不能になる日がくるに違いない。

いよいよ金利が上昇した時には、債務に依存した多くの企業が潰れ、それらの企業に対する不良債権でおびただしい数の銀行が経営危機に陥るだろう。日本国内に限っても、何十もの銀行がバタバタと連鎖的に破綻しかねない。その時、すべての預金を保護するのはほぼ不可能だろう。そして下手をすると、今回の危機がその引き金となる可能性もゼロではないのだ。

第四章　眼前に迫る金融危機

今は金融の大虐殺「レベル⑥」にいる

「世界の市場はミンスキー・モーメントに接近している」――二〇一九年の夏、米ニュージャージー州を拠点とするFETIグループのガイ・ヘーゼルマンCEO（最高経営責任者）はこのように資産価格の暴落を予見していた。まさにお見事である。

この「ミンスキー・モーメント」という用語は、一九五〇年代にバークレー大学（カリフォルニア大学バークレー校）で教授を務めていたハイマン・ミンスキーの研究に由来し、米債券運用大手PIMCO（パシフィック・インベストメント・マネジメント・カンパニー）の元ポートフォリオ・マネージャーであるポール・マッカリー氏が考案したものだ。市場関係者の間でもっとも恐れられている言葉の一つで、意味は「持続不可能なペースでの与信膨張後に資産価格が急落する」である。

より具体的に言うと、過度な債務の増加に依存した景気拡大局面が終わった後、返済能力が悪化した債務者が健全な資産まで売らざる得ない状態に追い込まれ、結果的に様々な資産価格が暴落して金融危機に発展する事態だ。極めて悲惨な状態であるがゆえ、「金融における大虐殺」と形容する者も多い。

ミンスキーは、「経済の安定性こそが次なる不安定性を生む」と論じており、「複雑な市場経済が生来的に備えている欠陥」として「泡沫的な投機バブルによる脆弱性」を挙げている。そして、以下のような金融不安定性の段階（サイクル）が存在すると結論付けた。

①調子のよい時、投資家はリスクを取る
②どんどんリスクを取る
③リスクに見合ったリターンが取れなくなる水準まで、リスクを取る
④何かのショックでリスクが拡大する
⑤慌てた投資家が資産を売却する
⑥資産価格が暴落する

⑦投資家が債務超過に陥り、破産する
⑧投資家に融資していた銀行が破綻する
⑨中央銀行が銀行を救済する（ミンスキー・モーメント）
⑩最初に戻る

このハイマン・ミンスキーの主張は、ウォール街では長らく忘れられていた。ところが、前出マッカリー氏がリーマン・ショックの後に用いたことで改めて注目されたのである。そこからさらに一〇年以上が経った二〇一九年、ヘーゼルマン氏は世界経済に再びミンスキー・モーメントが接近していると警告した。

ヘーゼルマン氏はブルームバーグ（二〇一九年八月八日付）で、「近年経験してきたような低ボラティリティー（変動性）局面の持続によって、レバレッジやリスク追求の行動が大幅に増えた」とし、「これまで目にしてきたように、ボラティリティーに変調があれば、マージンコール（弊社編集部注：追証）に対応した資産売却の必要性がしばしば生じる。その結果、影響が波及しやすい状況となる」と指摘。

ミンスキーは金融サイクルには生来的に「行き過ぎた楽観」（いわゆるリスクテイク）と「悲観」（リスクオフ）が備わっているとしているが、ヘーゼルマン氏は中央銀行の金融緩和がそのリスクテイクの部分をより助長しているとし、次のように批判を展開した――「米金融当局が自ら怪物をつくり出しているという点に全く疑いはない。各国・地域の中央銀行がずっと市場を下支えしたり、実質利回りマイナスのまま維持したりしようとしても、持続不可能だ。政策決定は無謀となっている。米金融当局による措置の意図せぬ帰結は極端かつ逆効果となる。当局は市場に膨大な不均衡や巨額の負債を生じさせ、ゾンビ企業を生きながらえさせて、金融資産のバリュエーションをファンダメンタルズ（経済の基礎的諸条件）から大きく乖離《かいり》させている。こうした状況はいずれも反転するだろう」（同前）。

彼の予言からおよそ半年後、新型コロナウイルスによって世界の金融市場は大荒れの展開を迎えた。まさに、ヘーゼルマン氏の予言は的中したと言える。

ミンスキーの金融不安定性サイクルに照らし合わせると、現状はレベル⑥

（資産価格の暴落）だ。ブルームバーグによると、二〇二〇年三月一九日までの一ヵ月間で、世界八六ヵ国の証券市場の時価総額は八七兆八七〇八億ドルから六二兆二五七二億ドルと二五兆ドルも減少している。その後、一時的に世界の株式市場は持ち直し、時価総額も回復しているが予断を許す状況ではない。

少なくとも相当な額が蒸発したため、各地で大量のマージンコール（追証）が発生している模様だ。こうなると、一定の時間を置いて「投資家の債務超過」（金融の大虐殺レベル⑦）という段階へと進むだろう。

重要なのはその先で、「銀行の破綻」（金融の大虐殺レベル⑧）という大惨事が起こるかどうかだ。残念ながら、現状を省みると起こってしまう可能性は高い。そうなると必然的にレベル⑨（当局による企業や銀行の救済）に進み、最終的には政府債務に端を発した「ソブリン・デフォルト」（国家債務危機）という最悪のイベントの到来が想定される。

話はこれでも終わらない。下手をすると、一九三〇年代のように世界を戦争へと駆り立てるかもしれないのだ。

とんでもない時代がやってきたものである。

二人の著名女性学者が警告する〝九〇年前の惨劇〟

「世界経済がこれほどのもろさを見せたのは一九三〇年代の大恐慌以来だ」（二〇二〇年三月二五日付ブルームバーグ）――『国家は破綻する』（日経ＢＰ社刊）の著者で米ハーバード大学のカーメン・ラインハート教授はブルームバーグのインタビューに対し、新興国市場と先進国市場の両方が持続的な下降局面に至ったのはおよそ九〇年前の大恐慌ぶりのことだと指摘。「二〇〇八年の世界的な金融危機後に高リスク証券が急反発したり、一九八〇年代の中南米債務危機の際に先進国市場が比較的良好だったのと異なり、短期的な資産回復の可能性は低い」との見通しを示し、「商品相場低迷と世界貿易の後退、同時多発的なリセッション（景気後退）といった状況はかつてないほど当時に似ている」（同前）と論じた。

思い返すと、先のリーマン・ショックの際は世界中で需要が減退したが、中国が四兆元を出して莫大な需要を創出してくれた結果、世界経済はなんとか持ち直したと言える。しかし、今回は中国こそが問題の当事者であり、けん引役にはなり得ない。世界経済は、際立ったけん引役が不在という極めて厳しい局面にある。

さらに悪いことに、リーマン・ショック時に比べて先進国も新興国も債務残高が大幅に増えた。国際金融協会（ＩＩＦ）によると、世界全体の債務残高は二〇一九年四―六月期に二五〇兆九〇〇〇億ドル（約二京七二〇〇兆円）と過去最高を更新している。二〇一五年からの増加率は五〇％以上に達した。

格付け大手のフィッチ・レーティングスのソブリン格付け世界責任者のジェームズ・マコーマック氏は直近のリポートで、主要七ヵ国（Ｇ７）について、新型コロナウイルスに対応するための財政余力は「ほとんどない」と断じている。それでも、ない袖を振ってでも（なり振り構わないで）先進国の政府は企業や銀行の救済に動くはずだ。当然、政府債務残高はさらに膨張し、一部

世界の負債総額

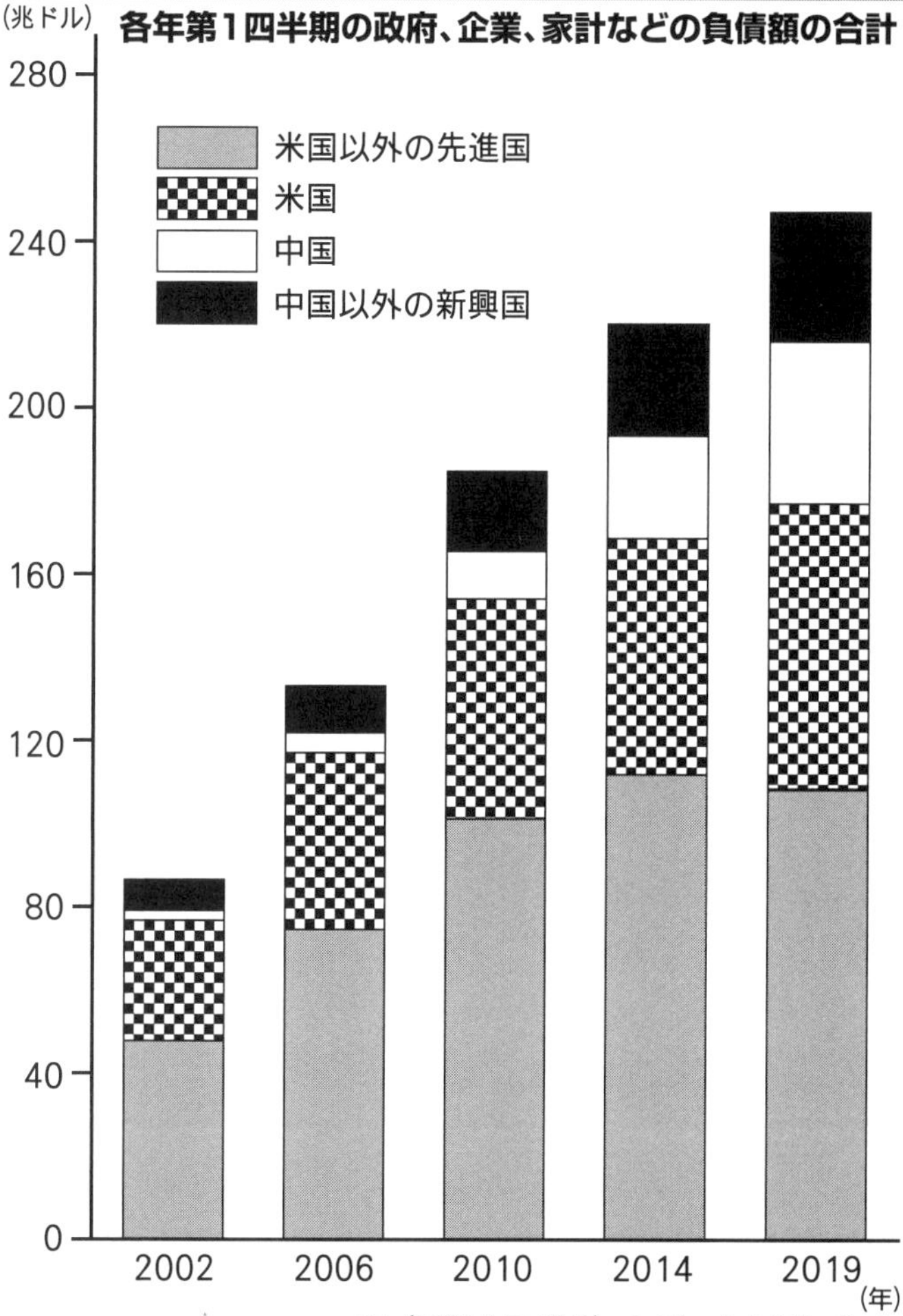

IIF（国際金融協会）のデータを基に作成

の限界国家では財政ファイナンスも現実味を帯びる。

新興国も同様に極めて厳しい立場だ。前出ＩＩＦは、二〇二〇年一月二一日以降、同年三月下旬までに新興国から五〇〇億ドル（約五兆五〇〇〇億円）以上が流出したとし、規模はリーマン・ショック時の二倍に達したとした。こうしたトレンドが続くようだと、新興国が財政危機に陥る可能性があると警告している。コロナ騒動の最中、ブラジルレアル、メキシコペソ、インドルピー、インドネシアルピア、南アランドなどの通貨が史上最安値（もしくはその付近）に沈んだが、新興国危機はもはや時間の問題ではないか。

今回は、先進国と新興国が一緒くたに深刻な危機に突入するという、まさに前代未聞の展開を辿っている。

北京出身でＡＩＩＢ（アジア・インフラ投資銀行）の総裁を父に持ち、現在はロンドン・スクール・オブ・エコノミクスで助教授を務める金刻羽氏の警告は強烈だ。彼女は三〇代という若さにも関わらず、注目を集めている。

金氏はテンセントが運営する「CHAIN NEWS」（二〇二〇年三月二六日付）へ

の投稿で、世界は一九三〇年代の大恐慌に匹敵する危機に直面すると警鐘を鳴らした。記事の概要は以下の通り。

・世界は現在、一九三〇年代の大恐慌に匹敵する危機に直面しており、おそらく二〇〇九年の大不況（リーマン・ショック）の一〇倍の大きさになる。

・私たちを襲うパンデミックは、全人口のおよそ四分の一が感染し、五〇〇〇万人が亡くなった一九一八年のインフルエンザ（いわゆるスペイン風邪）に匹敵する。当時と比べて現代の医学と技術は進歩したが、反面、世界中の相互接続が進んだ。平時は一日に二〇〇万人が飛行機で移動している。

・私たちは、二〇〇九年の大不況のようなアメリカの生産が五％減少する事態ではなく、アメリカの生産と世界の経済が四〇％減少する事態に直面している可能性がある。

・今回は銀行システムの麻痺が出発点ではなく、支出の不足が実体経済に波及している。現在すでに実体経済の大部分が完全に失速し、今度は金融システムを破壊し、それが再び実体経済に影響を与える。

・二〇〇八年の大不況の最中、アメリカ経済は月に八〇万人の雇用が失われたが、今回は週に数百万の雇用が失われている。
・典型的な景気後退では、消費が落ち込むため企業は労働者をレイオフ（一時解雇）するが、今回の危機では企業は労働者を職場に戻すのが難しい。そのため、雇用が完全に失われる恐れがある。困窮した家族や企業が支出を削減すると、レイオフの第二ラウンドがやってきそうだ。
・アメリカのレストラン部門は一兆ドル規模だが、これに空の旅、観光、娯楽、教育、対面サービスなどを含めた全体のサービス部門は、ＧＤＰ（国内総生産）の約八〇％を占める。このサービス部門の四割が、即座に蒸発したことが確認できる。
・二〇〇八年には、いくつかの主要銀行がデフォルトの危機に瀕した。今回、政府は国民、大小の企業、銀行を救済しなければならない。
・世界の主要国では政府と中央銀行が大不況（リーマン・ショック）よりもはるかに大規模な支援パッケージを打ち出している。しかし、その迅速な対応と規模にも関わらず、金融政策は経済活動を加速させられない。財政政策が有効である。

・欧米諸国はアジア諸国と異なり、ＳＡＲＳ（二〇〇三年にアジアで流行した重症急性呼吸器症候群）を経験しておらず、対応が遅れ、それが危機を長引かせる恐れがある。

以上だ。依然として米中対立が続いている状況下でもあり、金氏がアメリカの難点ばかりを取り上げているのは多分に政治的であり気にくわないが、アメリカの経済情勢について的を射ている部分は多々ある。

現在でもアメリカは圧倒的な世界最大の経済体で、「アメリカがくしゃみをすると世界が風邪を引く」と言われている。これは世界の製造業がいかにアメリカ人の消費に依存しているかを示すもので、そのアメリカの消費が極端に落ち込んでいる現在はまさに未曽有の危機だ。

また、中国経済も大きな影響力を誇る。米ブルームバーグが購買力平価調整後のＩＭＦ（国際通貨基金）のデータを用いて算出した、二〇一八～一九年における中国経済が世界の成長に占める寄与率は二七・二%。これにインドの一二・九%、そして一二・三%のアメリカが続く。名目GDPは依然としてアメリカの方が圧倒的に上だが、中国の世界経済への寄与率は無視できないほどに大きい。それゆえ、昨今では「中国がくしゃみをすれば世界が風邪を引く」という表現も通用する。

今回、その米中どちらも〝風邪〟を引いた。中国の苦境については後述するが、中国・武漢発の厄介な〝風邪〟(肺炎)は瞬く間に伝播した。アメリカの他にもユーロ圏、ASEAN(東南アジア諸国連合)やインド、メキシコなど中南米の国々も〝風邪〟を引いている。まさに前代未聞の状況だ。

九〇年前の惨劇(世界大恐慌)など、あくまでも歴史上の出来事でしかない(まさか再来することはない)と思っていた人は少なくないだろう。しかし、今となっては急速に現実味を帯び始めている。

少なくとも、今回の危機が先のリーマン・ショックをはるかに凌ぐであろうことはほぼ間違いない。リーマン・ショックの際、アメリカの株価は五割以上の落ち込みを見せたが、今回はまだ三割程度の下落で済んでいる。この点に限れば、当時より被害が少ないと思うかもしれないが（もちろんこの先に二番底が待っている可能性があり、最終的には五割以上の下げを記録する可能性は高い）、失業率は当時と比べ物にならないほど上昇しそうだ。

米セントルイス連銀のジェームズ・ブラード総裁は、同国の失業率が二〇二〇年四―六月期に三〇％まで急激に悪化すると予想している。これが現実のものとなれば、リーマン・ショックどころの騒ぎではない。当時の失業率は九・六％がピークであった。一九三〇年代に記録した過去最悪の二五％をも上回る。

警戒シグナルはすでに出ており、米労働省によると、労働市場の炭鉱のカナリア（早期警戒信号）とされるアメリカの「新規失業保険申請件数」（週間ベース）が、二〇二〇年三月二一日までの一週間で前週の二八万二〇〇〇件から三二八万件に急増した。次の週、すなわち三月二八日までの週ではその数、六六五万人に激増している。わずか二週間で約一〇〇〇万人が失業保険を申請したのだ。このような急増は、一九六七年の統計開始以降前例がなく、アメリカの経済史上でもまさに異例の事態に突入している。

ちなみに、リーマン・ショック時の最悪の週でも申請件数は六六万五〇〇〇件に過ぎなかった。当時は二〇〇八〜〇九年にかけて毎月七五万人が失業し、景気後退期全体を通じて八七〇万人が職を失った。

ＦＲＢ（米連邦準備制度理事会）の家計調査（二〇一八年版）によると、アメリカでは中間層の約三〇％が四〇〇ドル（約四万四〇〇〇円）の急な出費を賄う余裕がない。アメリカでは週給の割合も多く、一回でも給料が遅配となれば即座に生活に困窮するという人がかなりの割合いる。

二〇〇一年にノーベル経済学賞を受賞したアメリカの著名経済学者、ジョセフ・スティグリッツ氏はこうした状況を鑑みて、今回の危機が「大恐慌より困難だ」という認識を示した。

世界も同様である。スイスに拠点を置く国際労働機関（ＩＬＯ）は二〇二〇年三月二六日、新型コロナウイルスの感染拡大によって世界で失われる雇用者の数が「二五〇〇万人を大幅に上回る」という見通しを示した。リーマン・

アメリカの新規失業保険申請件数

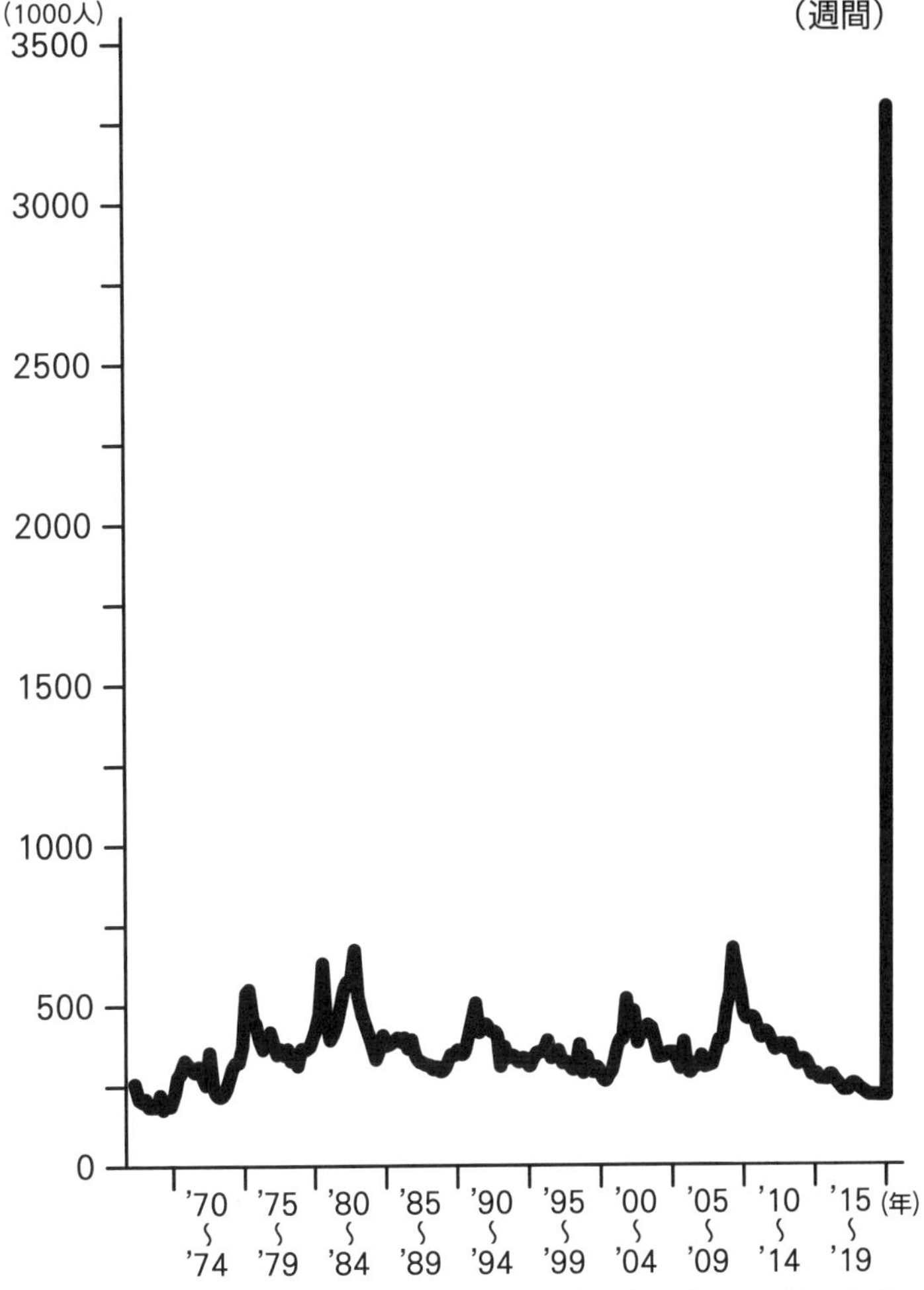

ブルームバーグのデータを基に作成

ショックの時は、世界で二二〇〇万人が失職している。今回のコロナ騒動でもっとも打撃を被る業界の観光セクターでは、世界旅行ツーリズム協議会（WTTC）が、同業界だけでおよそ五〇〇〇万人が職を失うと警告した。

第二章では大恐慌の時代に起きた〝惨劇〟を記したが、私たちは当時に匹敵する時代の到来の一歩手前に位置している可能性が高い。むしろ、「片足を突っ込んでいる」という表現の方が適切かもしれないが。

破られた、七分の一の「アノマリー」

ところで、米国株には「二期目をかけた大統領選の年に大暴落は起こらない」というアノマリー（理論的根拠があるわけではないが、よく当たる相場での経験則）があった。一四一ページの図は過去に起こった米国株の大暴落とその下落率である。

このうちの六回は大統領二期目（後半四年）に起きている。さらには日本で

米国株の大暴落した時期と下落率

大暴落した時期	下落率
1929年8月～1932年6月	−86%
1937年2月～1938年3月	−53%
1968年11月～1970年6月	−33%
1972年12月～1974年9月	−46%
1987年8月～1987年11月	−34%
2000年3月～2002年10月	−49%
2007年10月～2009年3月	−56%

オリンピックも予定されていたこともあり、二〇一九年末の予想では「二〇二〇年の（日米の）株価は堅調に推移する」といったアナリストの声が支配的であった。具体的には、ニューヨーク・ダウ平均の史上最高値のさらなる更新。日本株については、二〇一八年一〇月二日に付けたバブル後最高値（二万四四四八・〇七円）は軽く突破するだろうと予想されていた（中には年前半に三万円を超えると豪語していたアナリストもいる）。

反面、大暴落を予告していた人は皆無に近い。しかし、あのヌリエル・ルービニ氏だけは「二〇二〇年の危機」を予告していた。同氏はニューヨーク大学の教授で、二〇〇六年のＩＭＦ（国際通貨基金）総会でリーマン・ショックを予言したことで知られる。そして、英フィナンシャル・タイムズに「リーマン・ショックを事前に予期した、たった一人の学者」と言わしめた。

そんなルービニ氏は、二〇一八年の半ば頃から「二〇二〇年には金融危機の条件が揃う」と言うようになり、二〇一九年の夏には二〇二〇年の危機を断言するまでに至っている——「二〇〇八年の金融危機を上回る前例のない経済危機が来年に近づく。さらに大きな問題は、危機時に使う弾丸がないことだ」（中央日報二〇一九年七月二日付）。

続けてルービニ氏は、当局が暴落を防ぐ政策ツールを有していた二〇〇八年と違い、次の景気後退に立ち向かう当局者の両手を縛られている一方、全体の債務レベルも前回より高いことから「世界経済にとって恐ろしい時代だ」（ブルームバーグ二〇一九年七月二日付）と指摘。過酷な危機が訪れる可能性があるとして、最後にこうクギを刺した――「楽観は、『これまで全てのリセッションでそうだったように』崩れる公算が大きい」（同前）。

まさにドンピシャで予想を的中させている。そのルービニ氏はコロナ騒動の真っただ中の二〇二〇年三月二四日、米ヤフー・ファイナンスのインタビューで「景気の沈滞が深刻な状況になり、大恐慌（Great Depression）よりも深刻な大恐慌（Greater Depression）に悪化する可能性がある」と指摘。「V字、U字でもL字でもなくI字型に垂直落下するだろう」（中央日報二〇二〇年三月二八日付）と、一切の楽観論を排した。

ところで、前述した「二期目をかけた大統領選の年に大暴落は起こらない」というアノマリーに当てはまらなかったのは、あの大恐慌である。ブラック・サーズデー（大恐慌のきっかけとなった暗黒の木曜日）に続く歴史的な株価暴落は、ハーバート・フーヴァー大統領の一期目で起きた。

余談だが、それ以来、米国でリセッション（景気後退。正確には四半期二連続のGDPマイナス成長）の最中に再選された大統領はいない。それゆえ、米国がリセッションに突入すれば、同国のドナルド・トランプ大統領の再選は極めて危うくなる恐れがある。しかし、今回の株価のアノマリーが外れたように、トランプ大統領は「リセッション時の再選はない」という通説を覆すかもしれない。私は、その可能性が大いにあると見ている。

大本命は社債バブルの崩壊

過去にノーベル経済学賞を受賞したロバート・シラー米イエール大学教授の

考案した指標「ＣＡＰＥレシオ」（別名シラーＰＥＲ。景気循環調整後の株価収益率を示す投資指標。株価を単年度の利益ではなく、過去一〇年のインフレ調整後平均利益で割ったもので、これにより一時的要因による収益変動や景気循環の影響が除外されるため、実質的な企業収益力との関係で株価の割高／割安かが示される）で二〇一九年末のＳ＆Ｐ５００種を計ると、三〇倍を超えていた。過去の平均は一七倍、過去にこのＣＡＰＥレシオが三〇倍を超えたのはドットコム・バブル崩壊と大恐慌のきっかけとなったブラック・サーズデー（一九二九年）の前だけである。

それゆえ、私は二〇一九年末の時点で早晩とてつもない株価の破局がやってくると読んでいた。正直なところ、こんなにも早くそれがくるとは思わなかったが、遅かれ早かれ時間の問題だと見ていたのは事実である（嘘だと思うなら同年末に著した書籍『株価大暴落、恐慌目前！』『２０２０年の衝撃』〈第二海援隊刊〉をご覧いただきたい）。そして、株価の破局など序の口で、その後にさらなるひどい事態が待ち構えていると確信していた。なぜなら、世界中で累積債務が過去最大にまで膨らんでいたからである。

今、もっとも気を付けたいのが、企業セクターの債務だ。FRBによると、（金融機関を除く）アメリカ企業の債務残高は二〇一九年九月末時点で一五・七兆ドル。対GDPは七五・四％にのぼる。ただし、対GDP比はリーマン・ショック前と同じ水準だ。変わったのは、その〝中身〟である。具体的には、社債発行残高に占めるトリプルBの割合が劇的に増えたことだ。トリプルBはあと一つ格下げされればジャンク（投資不適格）扱いとなる。二〇〇七年時点で米社債に占めるトリプルBの割合（金額ベース）は二六％だったが、二〇一八年には四〇％を超え、現在は五一％にまで高まった。

トリプルBの社債が増えることの何が問題なのか？　実は、大量の社債を保有する多くの機関投資家には「ジャンク債は保有できない」という制約がある。ただし、リーマン・ショック以降、多くの債券マネージャーが自主ルールを変更し、それまでベンチマークに入っていなかったジャンク債の少なくとも一部の保有を容認するようになった。これは少しばかりの安心材料である。

格付別に見たアメリカ企業の社債発行規模

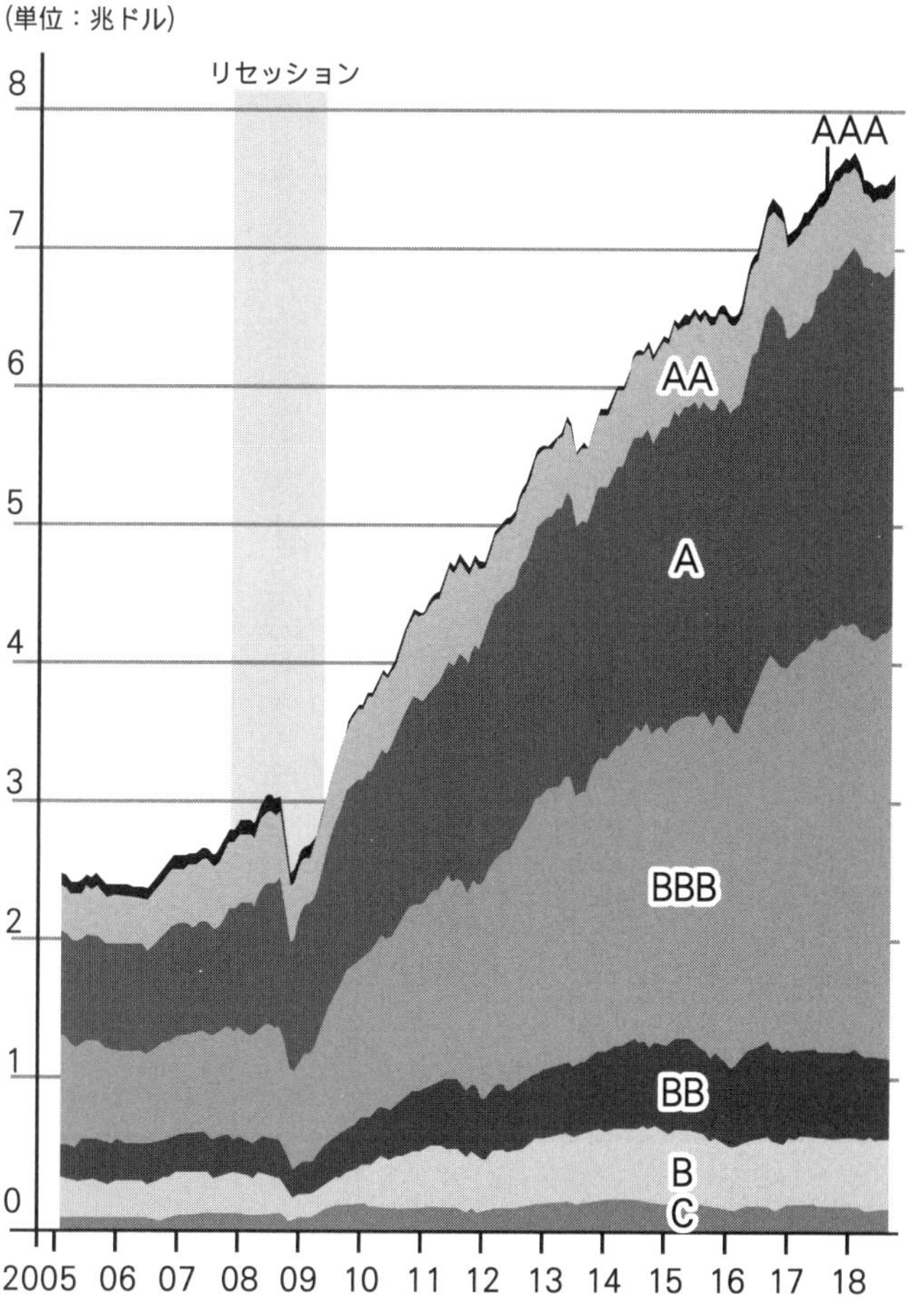

ウォール・ストリート・ジャーナルのデータを基に作成

しかし、結論からすると今回もジャンク債は容赦なく売られた。新型コロナウイルスの感染拡大を受け、米ドル建てのジャンク債の、平均利回りはそれまでの六％前後から、一気に倍の一二％まで上昇している。リーマン・ショックの際はこれが一時二三％まで急騰したが、この先その水準を上回っても何ら不思議ではない。S＆Pやムーディーズといった主要な格付け会社は現在、幅広い格付けの見直しを進めている。格下げラッシュの本番はこれからだろう。

社債の利回り上昇は、企業からすると借り入れコストの上昇であり、金利が高止まりすれば従来の低金利に依存してきた体力のない企業がさらなる苦境に陥るのは必至だ。そしてリーマン・ショック以降に急増した企業セクターの債務は低格付けの社債だけではない。レバレッジドローンという信用力の低い企業向け融資も急増している。同ローンの残高は二〇〇八年の六〇〇〇億ドルから現在は一兆四〇〇〇億ドルと二倍以上に膨らんでおり、数年前にはジャンク債の発行残高をも上回った。

レバレッジドローンの特徴は、格付けが低くすでに多額の債務を抱える企業

ドル建てジャンク級社債の平均利回り

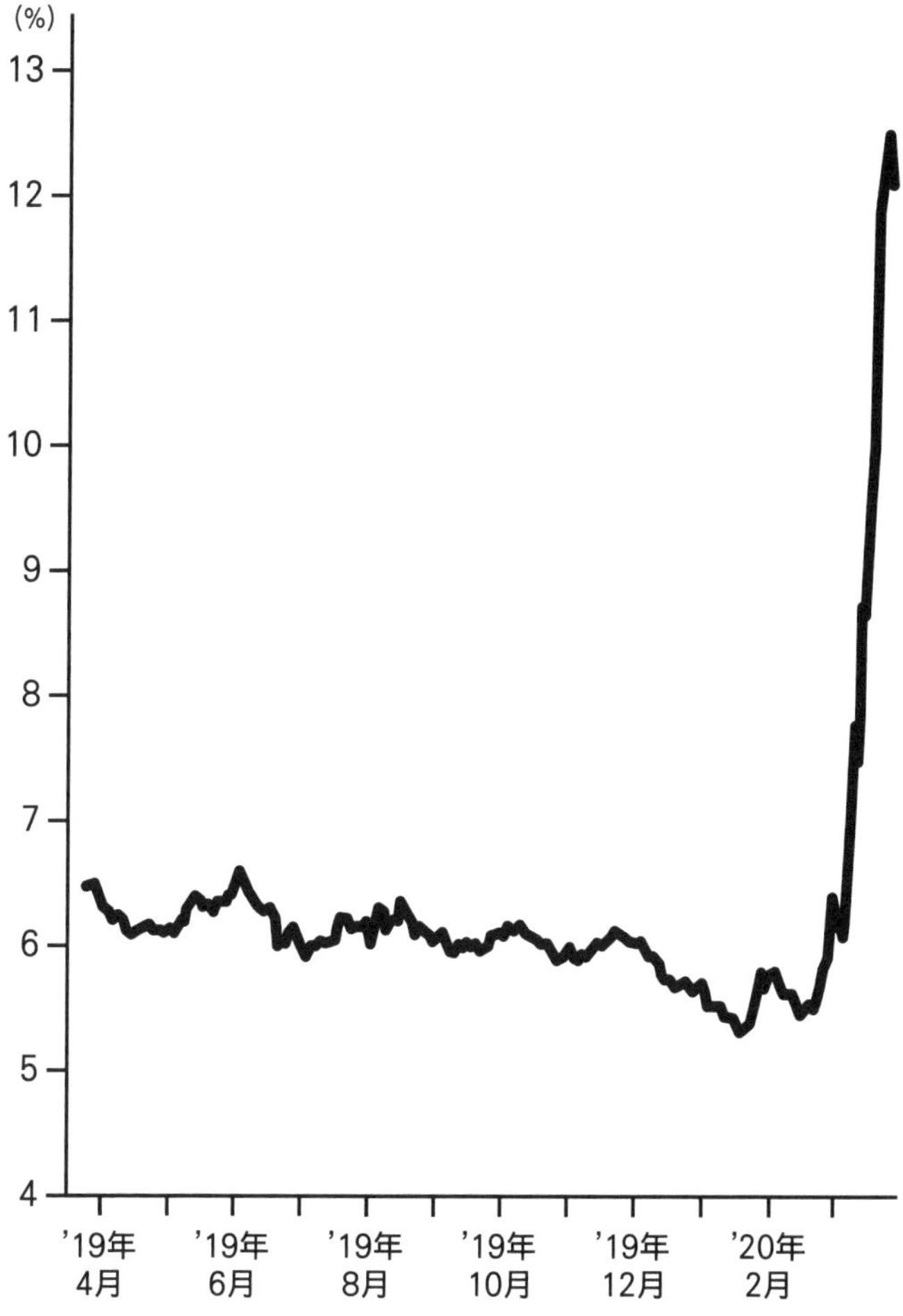

S&Pダウ・ジョーンズ・インディシーズのデータを基に作成

でも借り入れできるという点にある。ハイイールド債（ジャンク債）でさえ起債できない低格付けの企業でも借入先が見つけられるがゆえに、市場が急拡大した。先の米サブプライム・バブルの際は、住宅ローンを起因とする家計債務が問題となったが、近年のアメリカでは企業セクターの債務に焦点が当てられている。これら低格付け社債やレバレッジドローンは、投信やＥＴＦ（上場投資信託）、ＣＬＯ（ローン担保証券）、私募投信に組み込まれる形で多くの投資家が保有しており、邦銀各行もその仲間だ。

二〇二〇年三月二一日号の東洋経済は、こう最悪の事態に警鐘を鳴らす——

「米国では低格付け社債に投資するＥＴＦからの資金流出が始まっている。投信などの解約が加速すれば、原資産である低格付け社債はレバレッジドローンの換金投げ売りで、投信やＥＴＦと連鎖した価格下落が起きかねない。パニック的な取り付けが起きれば、行き着く先は、企業の資金繰り危機や運用会社の破綻だ。それが、さらに金融機関の決済システム不全へ波及してシステミックな危機を引き起こす」（東洋経済二〇二〇年三月二一日号）。

借り手の企業も脆弱な状態だ。日経ＱＵＩＣＫによると、二〇一九年の時点で、三年連続で支払利息が営業利益を上回った（借金の利払いを利益で賄えない）ゾンビ企業は、日米欧と中国その他アジアで上場している二万六〇〇〇社のうち五三〇〇社にのぼる。割合は二〇％という衝撃的なものであった。これらの企業は低金利でも生き永らえるのに苦労していた企業である。

現在、このようなゾンビ企業の発行した社債が真っ先に売られており、いずれかの時点でデフォルト（債務不履行）する企業が続出する可能性は高い。急きょ、ＦＲＢ（米連邦準備制度理事会）やＥＣＢ（欧州中央銀行）が社債の買い入れに動いたが、ジャンク債は買い入れ対象ではなく、企業の破綻ラッシュを食い止められるという保証はない。格下げラッシュが起こればなおさらだ。

英エコノミスト誌は、今回のコロナ騒動で「世界の企業の一〇～一五％が倒産の危機に陥るだろう」と恐ろしいシナリオを提示している。

ＩＭＦ（国際通貨基金）の見通しも暗い。ＩＭＦは二〇一九年一〇月の金融安定報告書で、日本を含む主要国でデフォルト（債務不履行）リスクを抱える企業の債務が二〇二一年に計一九兆ドル（約二〇〇〇兆円）に達する恐れがあると警告した。しかも、これは二〇〇八年の金融危機時に比べて世界経済の落ち込みが半分程度に留まるシナリオを想定しており、仮にリーマン・ショック級もしくはそれ以上の衝撃が加えられた時は、デフォルトに瀕する企業債務がさらに増えると言っているに等しい。

中国で新型コロナ第二波か!?　北京が陥落すれば中国崩壊も

「首都・北京は依然として矢面に立っている。気を緩める理由はない。すべてうまくいっていると言える状況ではない」（ロイター二〇二〇年三月二九日付）

――北京市政府は、こう警戒感をあらわにした。

今回の新型コロナウイルスの発祥は中国湖北省武漢市だが、当の供給元である中国に対しては楽観的な見方が広がりつつある。中国の金融市場は他の市場の暴落を尻目に堅調に推移していることや、当局が感染者の拡大が止まったとアナウンスしていることが理由だ。

もちろん、信用してはならない。中国では感染拡大の第二波が始まっている可能性も高く、実体経済も株価ほどに良いとは言えない。むしろ、中国共産党は瀬戸際に立たされている。

二〇二〇年四月六日現在、中国当局（国家衛生健康委員会）の発表では、一日当たりの国内感染者数はわずか数十人と数ヵ月前に比べて激減した。一方、輸入感染（海外からの帰国者の感染）が急速に増えているとされるが、海外からの帰国者（感染者）の四分の一が首都・北京に到着しているという。

国内感染者数が激減しているという当局の発表は疑わしい。そもそも、衛生健康委員会は公式統計から無症状の感染者を除いていた。そのことで海外から多くの批判が届き、同年四月頃から無症状感染者数を発表するようになったが、四月六日時点のそれはたったの七〇五人。一三億という人口に照らし合わせても、あまりに少なすぎると思うのは私だけではないだろう。

中国当局は「中国では濃厚接触者はすべて個別に隔離されているため、無症状の人々が感染拡大を引き起こすことはない」と統計の擁護に必死となっているが、この言い分を信じるのは難しい。無症状の人だと検査に至らないことが多く、当局が感染者だと正確に見分けることは実質的に不可能だからだ。香港紙サウスチャイナ・モーニング・ポストによると、二〇二〇年二月末の時点で無症状感染者は四万三〇〇〇人に上る。

北京では、居住人口二二〇〇万人のうち、約八〇〇万人が農民工（地方で住民登録されているいわゆる出稼ぎ労働者）だ。中国では移動制限が緩和されてきており、無症状感染者が北京にウイルスを持ち込む可能性は低くない。政治の中心である北京がコロナウイルスで陥落すれば、その影響はまさしく計り知れないものになるだろう。

中国発のパーフェクトストーム

前述したようにアメリカの企業債務が問題視されているが、中国のそれはさらに深刻だ。ＢＩＳ（国際決済銀行）によると、二〇一九年九月末時点のアメリカの企業債務の対ＧＤＰ（国内総生産）比は七五・四％だが、中国のそれは一五〇・四％にもなる。

金融危機を後から振り返ると、危機の直前まで民間（家計、企業）セクターの債務が劇的な増加を示していることがほとんどだ。そして民間セクターの過剰債務が金融危機を引き起こすと、その後は決まって公的債務が爆発的に増える。政府が救済に動くためだ。すると、その数年後から体力がない国を皮切りに破綻が相次ぐ。いわゆる「世界三大不況」はすべて例外なくこの軌跡を辿った。一八七三〜九六年にかけた大不況、一九二九〜三八年の大恐慌、そして二〇〇七年〜現在まで続くサブプライム・バブル崩壊（リーマン・ショック）の余波。すべての危機が民間セクターの過剰債務に起因しており、その後に公的債務が劇的な増加を示している。

日本のバブル崩壊もそうであった。日本の不動産バブルの時は、民間セクター（家計＋金融部門を除く企業）の債務が対ＧＤＰ比で一七〇％以上にまで上昇した後に危機が訪れている。ＢＩＳによると中国の民間セクターの債務は二〇一九年九月末時点で対ＧＤＰ比二〇四・八％と、日本のピーク時を優に上回っている。

中国の公式統計では、同国の商業銀行における不良債権比率は、二〇一九年九月末時点でわずか一・九％に過ぎない。日本のピーク時の不良債権比率八・四％を大幅に下回る。この統計を信じると「中国はバブル崩壊という日本の轍を踏まない」ということになるが、中国当局の出す統計はまったく当てにならない。多くのエコノミストは五〜一〇％の潜在不良債権比率があると見積もっている。

そして今回のコロナ騒動だ。中国の四半期ごとのＧＤＰ成長率は一九七九年の改革開放以来、ただの一度もマイナス成長になったことがない。一九八九年の天安門事件も、アジア通貨危機も、リーマン・ショックも乗り切った。しかし、二〇二〇年一—三月期のＧＤＰは史上初となるマイナス成長を記録する可能性が極めて高い。年率換算でマイナス五％、中にはマイナス一〇％に落ち込

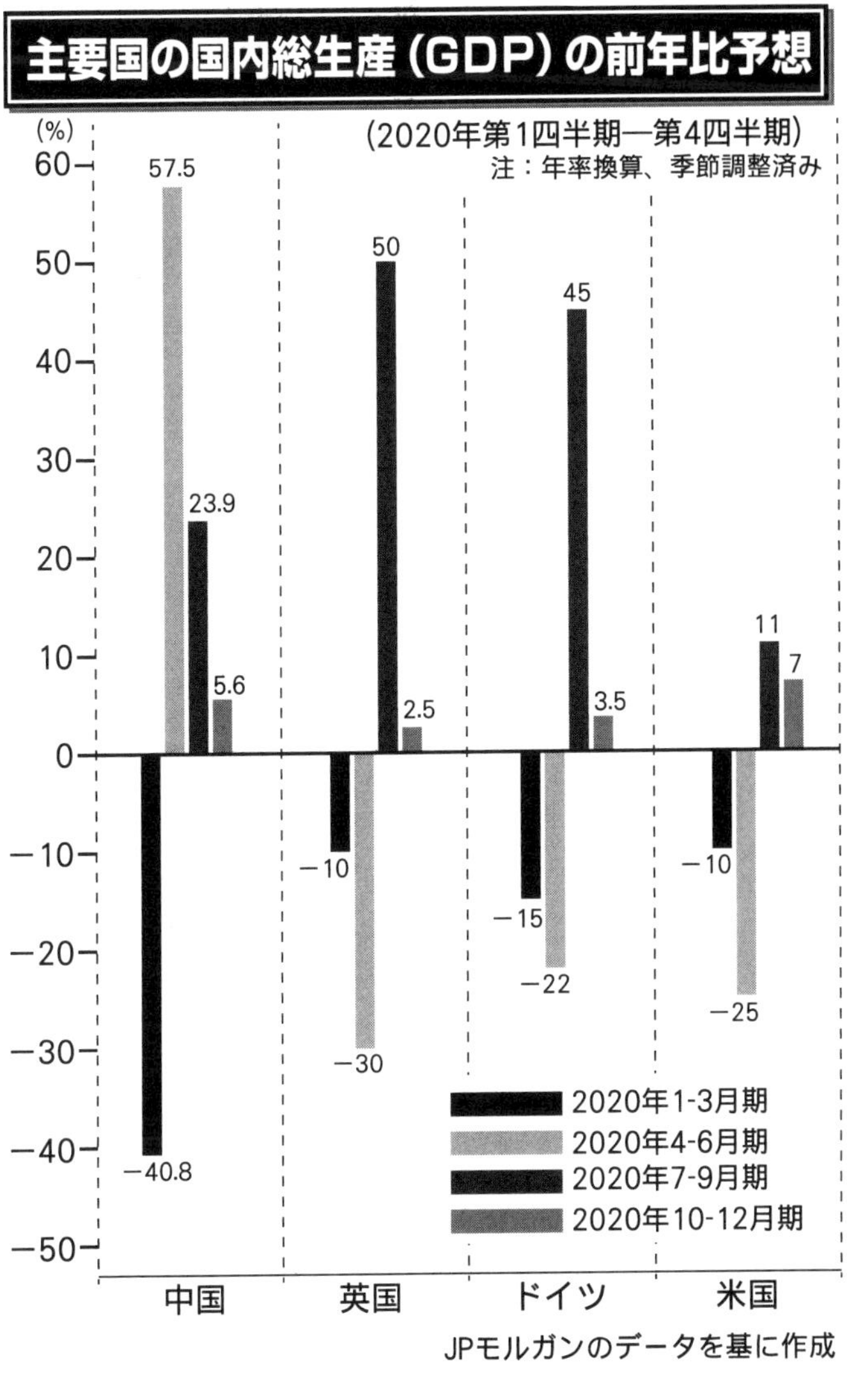
主要国の国内総生産（GDP）の前年比予想
(2020年第1四半期―第4四半期)
注：年率換算、季節調整済み
(%)
60
50
40
30
20
10
0
−10
−20
−30
−40
−50
57.5
23.9
5.6
−40.8
50
2.5
−10
−30
45
3.5
−15
−22
11
7
−10
−25
2020年1-3月期
2020年4-6月期
2020年7-9月期
2020年10-12月期
中国
英国
ドイツ
米国
JPモルガンのデータを基に作成

む と分析する調査機関もある。そうなると、まさに文化大革命以来の危機だ。

四半期ごとに経済分析報告を出す米コンサルタント会社チャイナ・ベージュブック・インターナショナルの分析では、中国経済は二〇二〇年一―三月期のGDP成長率はマイナス一〇～一一％と、過去最悪となる見通し。同社の中国企業三三〇〇社を対象に実施した調査（二〇二〇年二月一三日～三月一二日までの期間）によると、企業の売上高と利益が同時に落ち込む現象が見られた。

中国政府は、二〇二〇年三月末時点で大企業の八～九割が生産を再開したとしているが、生産を再開できても需要が内外で大幅に低下している。作っても買ってくれる人がいなければ話にならない。中国国内ではコロナ騒動の傷がいまだ癒えておらず内需は低迷、外需も欧米の感染拡大でほぼ完全に消滅した。

まず間違いなく、中国経済のV字回復も期待できない。良くてもL字だ。I字すら覚悟する必要もある。中国の不良債権比率の大幅な悪化は避けられず、時間を置いて地方の小さい銀行を中心に金融危機に発展する可能性が高い。事実、昨年頃から地域の中小金融機関では相次いで取り付け騒ぎが起きている。

前出ベージュブックの報告は、「投資家が、中国経済の回復を過大評価し、それによって、世界経済の下振れを緩和する中国の役割を過大評価することに繋がる恐れがある」（大紀元二〇二〇年三月二六日付）と指摘しているが、今回の危機では明確な救世主がいない。

むしろ、中国発の大恐慌にも最大限の注意を払う必要がある。

第五章　邦銀の国際与信残高四兆四五二三億ドル

——海外に多額の貸付けをした邦銀の未来

「今のところ、影響は軽微」

『農中のＣＬＯ』。どうなるんでしょうね」――。暴落する相場を横目に国内証券トレーダーが警戒するのは、農林中央金庫が保有するローン担保証券（ＣＬＯ）にほかならない。一九年一二月末時点の保有残高は八兆円に上る。（日本経済新聞二〇二〇年三月一三日付）。

日経平均株価は新型コロナウイルスの感染拡大によって、直近の高値（二〇二〇年一月二〇日に付けた終値二万四〇八三・五一円）から三月一九日には一万六五五二・八三円まで下落した。下落率にしておよそ三割。

こうなると、トレーダーがＣＬＯの行方を気にしたとしても無理はない。実際、ＣＬＯの裏付けとなっているレバレッジドローンの平均価格を示す指標「Ｓ＆Ｐ・ＬＳＴＡレバレッジドローン指数」は株価が急落している最中の同年三月一七日に八四・六ポイントと、二〇〇九年九月一七日以来の低水準を記録した。過去最低は二〇〇八年末に記録した六一・七ポイント。

現在、邦銀は莫大な量のＣＬＯを保有している。日銀の金融システムレポート（二〇一九年一〇月号）によると、邦銀のＣＬＯ投資残高は海外クレジット投資全体の二〇％を占めており、グローバルな市場残高に対する割合は一五％だ。国内金融機関の中でも、とりわけ「農林中央金庫」がＣＬＯ投資に積極的であり、保有残高は二〇一九年末で八兆円。二〇一八年末時点の保有残高は六兆八二一九億円だったので、一年間で一兆円以上も増えた。他の金融機関もＣＬＯに投資しており、たとえば「ゆうちょ銀行」も同時点で一兆七四六七億円のＣＬＯ保有残高がある。

市場関係者の注目が集まる中、全国銀行協会の高島誠会長（三井住友銀行頭取）は二〇二〇年三月一九日の会見で、邦銀が保有しているＣＬＯへの影響は「現時点で影響は軽微」との認識を示した。もちろん、これで不安が一掃されたということにはならない。

ＦＲＢ（米連邦準備制度理事会）の「無制限に購入する」というなり振り構

わない姿勢の金融緩和によって、直近でこそレバレッジドローンの平均価格は持ち直してきている。「現状での影響は軽微」という言葉は嘘ではないだろう。しかし、新型コロナウイルスの感染拡大が長期化すれば二番底の到来はほぼ避けられない。その際は、レバレッジドローンの価格がリーマン・ショック時の水準か、さらなる下値を試す展開も十分に想定される。そうなれば邦銀に危機がおよんでも不思議ではない。

ＣＬＯを理解する前に知っておきたい邦銀の状況

さて、ここまでの話を聞いて「チンプンカンプンだ」という方も少なくないだろう。「ＣＬＯ」や「レバレッジドローン」という単語に聞き馴染みがあるという方は、よほどの経済通だ。ほとんどの人は初めて目にしたに違いない。

さて、ＣＬＯを理解してもらう前にまずは邦銀が置かれている近年の状況を簡単に押さえておこう。昨今のメガバンクの窮状は、多くのメディアがすでに報じているのでご存じの方も多いはずだ。

長期にわたる低金利、フィンテックなど銀行を介さない直接金融の発達、オーバー・バンキング（金融機関の供給過剰）による他行との競争激化、といった理由で銀行の先行きが危ぶまれている。人口が減少し、キャッシュレスや自動化が進む世の中にあっては、大量の支店や人員を構える高コスト体質の銀行は明らかに時代にそぐわない。それゆえ、店舗閉鎖や人員整理を実施する金融機関が相次いでいる。

若者もそうした雰囲気を察知しているようで、昨今の就職企業人気ランキングではメガバンク三行がいずれも大きく順位を下げた。たとえば、人材情報サービス大手の学情が九四八二人の大学生から回答を得たランキング（二〇二〇年版）では、銀行業界のトップは「三菱ＵＦＪ」の四七位（前年は四一位。以下同）、「ゆうちょ銀行」が六〇位（三七位）、「みずほ銀行フィナンシャル・グループ」が七二位（四五位）、「三井住友銀行」が八七位（六七位）と、軒並み順位を下げている。「銀行への就職こそが人生の花形だ」という時代は、急速に遠のきつつあるようだ。

銀行側の危機感も強い。国内での収益が細って行く中、金融機関は収益の源泉を〝国外〟に求めるようになった。それは数字にも表れている。

ＢＩＳ（国際決済銀行）が公表している国際与信統計によると、二〇一九年末時点の邦銀の国際与信残高（最終リスクベース）は四兆四五二三億ドル。邦銀の貸付先の大半は先進国で主に欧米、そして企業向けがほとんどだ。二〇一九年末時点の日本の米ドル建てＧＤＰ（国内総生産）は五兆一五四四億ドルなので、対ＧＤＰ比八六・三％という莫大な額を邦銀は海外へ貸付けている。

この事実を知って驚いた、という人も多いはずだ。しかも、さらに驚くべきことに、邦銀の対外与信残高は国別でもっとも多い。

ＢＩＳの国際与信統計の変遷を見ると、かつては国境を越えた融資を担っていたのは、もっぱら欧米の銀行であった。しかし、先のリーマン・ショックを期にこの構図が激変する。欧米の金融機関は、先のリーマン・ショックで痛い目に遭い、また規制が強化されたことから対外与信を抑制するようになった。

今度は対照的に、邦銀の対外与信が劇的な増加を示すようになる。邦銀の国際与信残高は二〇一〇年から二倍以上に増えた。日本経済新聞によると、メガバンクの業務粗利益の三～四割はすでに海外からのものになっている。「国内がダメなら海外だ」という単純な発想に基づいて行動した結果、自然と邦銀の業態は従来の商業銀行から急速に投資銀行へと変貌するに至った。

業界を問わず、縮み行く内需に見切りをつけて海外展開を急ぐ企業は少なくない。それゆえ、邦銀の変貌もそれ自体が決して悪いことではない。「変化する者こそが生き残れる」という格言もある。

一方で、「邦銀が日本の金融システムを司っている」という単純な事実を改めて意識したい。先のリーマン・ショックを思い返すと、あれは欧米を中心とした投資銀行が国内外を問わずリスク資産に投資した結果バブルが醸成され、それが最終的に破綻したため、世界中で金融システムが動揺した。すなわち、今回はその投資銀行の役を邦銀が担ってしまう恐れがある。

ちなみに、過去にも邦銀の国際与信残高が今のような水準に積み上がった時期があった。日本のバブル崩壊時である。「日本のバブル崩壊の影響は総じて国内のみで、世界に波及することはなかった」というのが通説となっているが、実はあの当時も邦銀の貸し出し減が、世界的な問題となっていた。

日本のバブル崩壊後に似たリスク

債務者の間ではよく、「銀行は晴れの日（好況時）に傘を貸して、雨の日（不況時）に回収する」ということが語られる。しかし、債権者にとっても雨の日は決して楽なことではない。雨の日（不況時）に傘（債権）を回収するのがいかに難しいか、多くの人はそもそも知らないか、あるいは忘れてしまっていることだろう。

「日本の金融システムは再び（バブル崩壊後のような）リスクにさらされている」（時事ドットコム二〇一九年六月二一日付）——二〇一九年六月二一日、米ボストン連邦銀行のエリック・ローゼングレン総裁はドイツ西部エルトフィレ・アム・ラインで講演し、日本の金融システムにこう警鐘を鳴らした。

ローゼングレン総裁は、海外に積極展開していた邦銀がバブル崩壊で現地融資の引揚げや縮小を進めた結果、経済への影響が日本国内に留まらず世界へ波及した当時の深刻な状況を振り返った上で、「日本の銀行が景気低迷で収益減に直面し、それを補うために高リスク投資を拡大させている」（同前）現状は当時に通じると指摘。また話題となっているＣＬＯ（債務ローン担保証券）投資にも言及。日本の一部の銀行は「懸念すべきほど高水準のローン担保証券（ＣＬＯ）を取得している」とした上で次のように断じた――「低利回り環境と相まった利回り追求を狙ったと受け止められる動きは、将来的に万が一世界的なリセッション（景気後退）に見舞われた場合、日本の銀行が引き続きレジリエンス（弊社編集部注：外的な刺激に対する回復力）を保ったままでいられるか重要な疑問を生じさせる。時間の経過や、より良い政策の導入にもかかわらず、日本の銀行システムは今や再び、景気悪化時に脅威にさらされかねない状態にあると論じることができるのではないか」（ブルームバーグ二〇一九年六月二一日付)。

ご存じのように、日本の金融システムは一九九〇年代のバブル崩壊によって脆弱となり、一九九七年には一連の金融危機が生じた。その後、二〇〇〇年代に入ると金融機関のデレバレッジ（負債圧縮）が完了したことで銀行のバランスシートは健全性を取り戻したが、前述したように二〇〇八年のリーマン・ショックを期にバランスシートが再び肥大化を始め、今に至る。

二〇〇八年の金融危機後、各国の当局は好況時に銀行が調子に乗り過ぎないようマクロプルーデンス（好況時に次なる危機への備えを銀行への監督や規制強化などを通じてマクロ的に行なう政策）の導入を進めてきたが、前出ローゼングレン総裁はそれが十分ではないとの認識だ。同氏は講演の際、危機を予防するためにもストレステスト（健全性審査）の厳格化やカウンターシクリカル資本バッファー（貸付け損失が発生した場合に備え、大手銀行にその吸収のための資本上積みを求める仕組み）の発動を訴えたが、カウンターシクリカル資本バッファーについてはアメリカも含め日本の当局も発動に至ってはいない。

むしろ総裁の発言からすると、「時すでに遅し」との印象を抱いているのではないか。

現在のコロナ騒動が金融危機に発展する可能性は、十分ある。邦銀が打撃を被るというシナリオばかりか、世界的な貸し剥がしによって連鎖倒産が起こる可能性も否定できない。麻生太郎財務兼金融相は二〇一九年一一月五日、衆議院財務金融委員会でリーマン・ショックのような危機が起これば日本の金融機関にはどのような影響が出るかと問われた際、「リーマン・ショックの時と比べると、日本の大手銀行の自己資本比率は比べものにならないくらい高い」と述べ、「金融危機があったらという仮定の話には答えようないが、大手行が極端な状態に陥ることは考えにくい」と答弁しているが、果たしてどうか。

CLOという毒まんじゅう

リーマン・ショックの際、投資銀行による「クレジット投資」が大きな問題の一つとなった。このクレジット投資とは、信用リスク（資金の借り手の信用度が変化するリスク）を内包する商品を取引することを指す。具体的には貸出債権や社債、ＣＰ（コマーシャルペーパー）、様々な信用リスクを加工して証券の形で売買する証券化商品、信用リスクを原資産とする金融派生商品（クレジット・デリバティブ）などへの投資だ。

そして昨今、邦銀による海外クレジット投資がかつてなく盛んになっている。日銀の金融システムレポート（二〇一九年四月号）によると、二〇一八年末における国内金融機関（有効回答先）の海外クレジット投資残高は約〇・七兆ドルと、過去最高を記録している。その大部分が投資適格債だが、一定の部分はハイイールド債（ジャンク債）や本稿の主題であるＣＬＯだ。

このＣＬＯを知る上でもっとも大事なキーワードは、「証券化」である。これは一九七七年に、後にウォール街の帝王と呼ばれるようになったアメリカの投資銀行ソロモン・ブラザーズが生み出した方法で、ありとあらゆる資産や債権を、流動性の高い金融商品（証券化商品）として販売する仕組みだ。

それら証券化商品の総称を「ＡＢＳ」（資産担保証券）と呼び、そのＡＢＳには複数の種類がある。代表的なのは、不動産ローン債権を裏付けとした「ＭＢＳ」（住宅ローン担保証券）、社債（ボンド）や企業向け貸付け債権（ローン）を裏付けとした「ＣＤＯ」（債務担保証券）などだ。そのＣＤＯのうちの裏付けが社債でない方、つまり企業向けの貸付け債権（ローン）を担保とした証券が今回のテーマであるＣＬＯ（ローン担保証券）である。ちなみに、社債を担保とした証券は「ＣＢＯ」という名称だ。

「債権の証券化」と聞いてもピンとこないかもしれない。これは、「ローンの借用書を自由売買する」とイメージすればよい。ちなみに債権が証券化されると、その証券を購入した人に債権が焦げ付くリスクの一部が転嫁される。この図式が大問題を起こしたのが、先のリーマン・ショックだ。

前述したようにこのＣＬＯへの投資が国内金融機関の間でブームとなっている。その理由は極めて単純なもので、「利回りが高い」からだ。また、格付け会社が「トリプルＡ」というお墨付きを与えていることもブームに寄与している。

邦銀がかつて積極的に投資してきた日本国債の利回りは、ほぼゼロである一方、シニア債（トリプルAトランシェ）のCLOの年間平均利益率（二〇一八年）は二・七％だ。為替ヘッジのコストを払うとリターンは一％程度にまで低下するが、機関投資家にとってこの低金利下での一％は魅力的に映る。仮に一〇兆円を運用すれば、一年間のリターンは一〇〇〇億円だ。

さらにはトリプルAというお墨付きも与えられている。一つのCLOという証券化商品は、それぞれ格付けが異なる三つの安全性度（トランシェ）で区分されており、それは上から順に「シニア」「メザニン」「エクイティ」という呼び名だ。

CLOは複数の企業のローン債権が裏付けとなっているが、そのうち一部の企業のローン債権がデフォルト（債務不履行）を起こした場合、CLOの価値が毀損し投資家が損失を被る。この際に安全性度（トランシェ）が低い証券から価値が毀損するため、トランシェが高い（リスクが低い。シニア）ほど利回りは低く設定されており、逆にトランシェが低い（リスクが高い。エクイティ）

ほど利回りが高い。平時の一般的な相場では、シニアはトリプルAからシングルAの格付けが付与され、利回り二%前後。メザニンはトリプルBからシングルBの格付けで、利回りは六%前後。エクイティは格付けが付与されないが、その分リスクが高いことから利回りは一五%前後だ。

こうした区分のうち、日本の金融機関が保有しているのはすべてシニア債（トリプルA）である。そのため、CLO保有のリスクは極めて限定的だというのが彼らの言い分だ。日銀の金融システムレポートも「頑健性が高い」との分析を寄せている。しかし、リーマン・ショックの際もトリプルAトランシェのCDO（債務担保証券）は最強と謳われた。確かに、デフォルトは免れている。ただし、価値は下げたのだ。

前出の金融システムレポートでも、リーマン・ショック時にトリプルAトランシェのうち相応の額がダブルAに格下げされたことに触れ、（今後、同様の格下げが起これば）「トリプルA格でも一割程度の価格下落が発生するほか、ダブルA・シングルA格に格下げされた場合には、二割から三割の価格下落が発生する」（ブルームバーグ二〇一九年一〇月二四日付）と注意を促している。

決して無敵ではないのだ。そもそも、「トリプルAだから無リスク」という根拠のない概念がリーマン・ショックを起こしたと言える。「今回は違う」とは、言えないのではないか。

嵐に突入したクレジット市場、最悪期はこれからか

「景気が減速し、企業が債務の重さに耐えられず、債務再編に動くことになれば、それらの企業にとって悲惨な結果になるだろう。そしてお決まりの大虐殺が起きる」（ブルームバーグ二〇一九年六月五日付）——米バンク・オブ・アメリカのブライアン・モイニハンＣＥＯ（最高経営責任者）は二〇一九年六月四日、ニューヨークのエコノミック・クラブで、次の景気後退時にレバレッジドローンがトラブル・スポットになる可能性を警告した。

そして今、新型コロナウイルスの感染拡大に端を発した資産価格の大幅な下

落によって、レバレッジドローンを含むクレジット市場は嵐に突入している。

前述したように、レバレッジドローンの平均価格を示す指標「Ｓ＆Ｐ・ＬＳＴＡレバレッジドローン指数」は、二〇〇九年九月一七日以来の低水準を記録した。それと同時に格下げが起き始めている。

ブルームバーグ（二〇二〇年四月二日付）は、「ＣＬＯ市場に痛み、レバレッジドローンの格下げ急増」と題し、以下のように現状を伝えた――「レバレッジドローンの格下げ急増が、ローン担保証券（ＣＬＯ）市場に痛みをもたらしそうだ。エンターテインメント集団、シルク・ドゥ・ソレイユの約一〇億ドル（約一一〇〇億円）の債務はラスベガスなどでのショーを中止してから数週間以内に、ムーディーズ・インベスターズ・サービスとＳ＆Ｐグローバルによって格下げされた。ブルームバーグのデータによれば、同社のローンの大半はＣＬＯが保有している。個々のローンの格下げによってＣＬＯ投資家への支払いが滞る可能性は低いものの、大量のローンが同時期に格下げされればそうなる可能性はある」（ブルームバーグ二〇二〇年四月二日付）。

ＣＬＯは、個別ではなく複数のレバレッジドローンによって構成されているため、仮にレバレッジドローンで資金調達している一社がデフォルトに陥ったとしても影響は軽微だ。しかし、同時に格下げされたりデフォルトが頻発すれば事情が異なると、記事は伝えている。

そして、リーマン・ショックではそうしたことが実際に起きた。前述したように、日本の金融機関が保有するＣＬＯは基本的にトリプルＡトランシェで、最後に価値が棄損する階層である。しかし、ＣＬＯ市場の混乱が長引けば影響がおよぶのは避けられないとの見方は根強い。根拠なき楽観は禁物だ。

また、邦銀のクレジット投資の中身には、かなりの程度ハイイールド（ジャンク債）も含まれる。米ゴールドマン・サックスのアナリスト、ロトフィ・カルイ氏は、二〇二〇年四月一日付のレポートでハイイールド債の「最悪期はこれから」と断言、金融システムに流動性を供給するＦＲＢの異例の措置にも関わらず、ハイイールド債は多くの逆風に直面していると指摘。「強力な政策支援にもかかわらず、借り手企業が直面する循環的な困難は引き続き大きい。過去

レバレッジドローン平均価格の推移

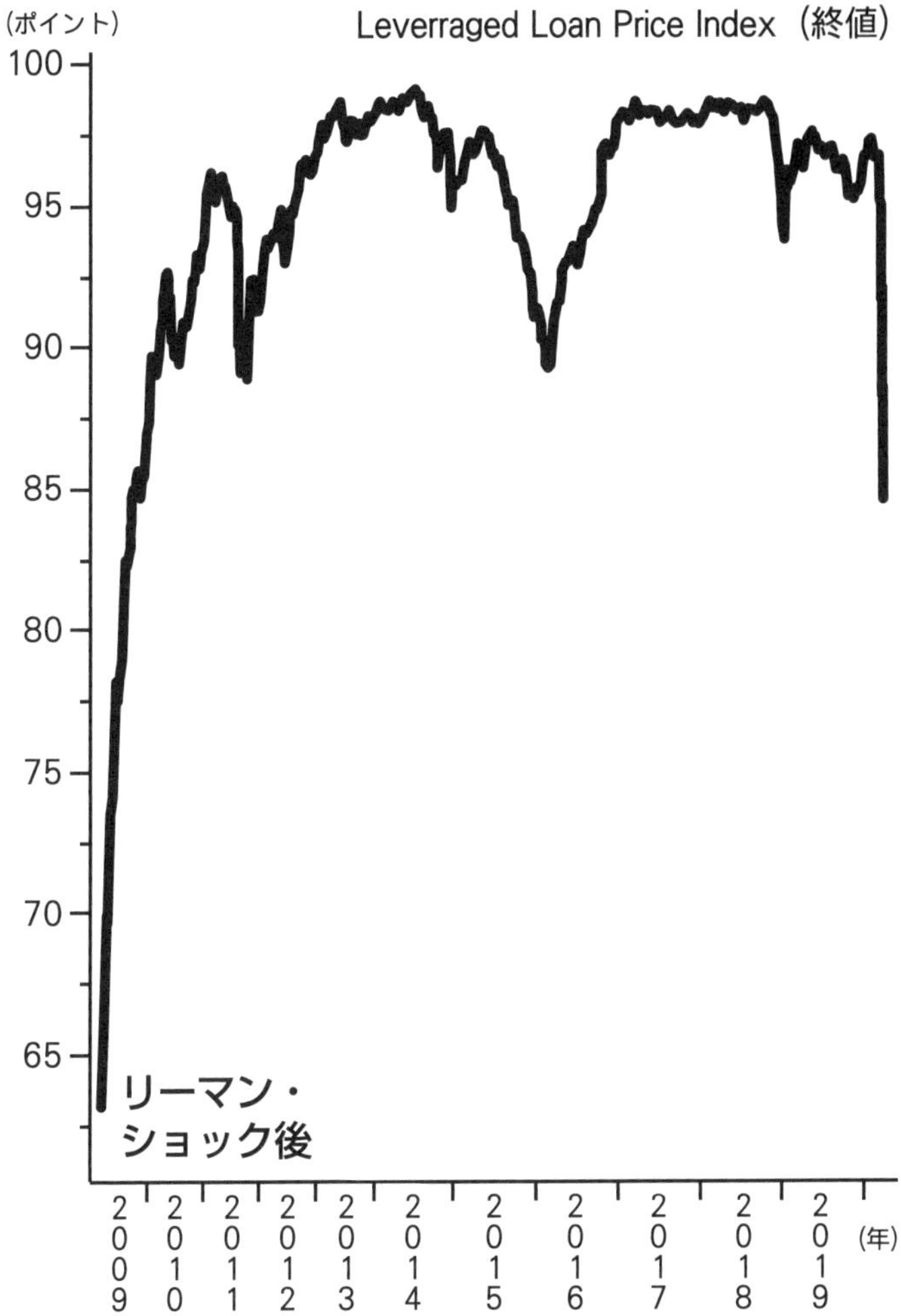

S&P/LSTAのデータを基に作成

の景気低迷期と同様、財務への圧力が引き続き強まり、デフォルトと格下げの増加につながるだろう」（ブルームバーグ二〇二〇年四月二日付）と分析した。

レバレッジドローンとハイイールド債の苦境に加え、昨今のクレジット市場では「ＣＭＢＳ」（商業用不動産担保ローン証券）の行方に重大な関心が集まっている。このＣＭＢＳに関しては、かねてからバブルだとの指摘がなされてきた。近年のアメリカではオフィスビルやショッピングセンター、ホテル、さらには農地といった商業用不動産の価格が高騰しており、利回りを求める投資家の資金が不健全と言える案件にまで流入。たとえば、空きオフィスなどにも証券化商品を通じて莫大な資金が流れ込んだ。

一般的に不動産デベロッパーなどの賃貸人は、賃借人からの賃貸料を債務の返済に充てるが、昨今のアメリカでは賃貸料に比べて物件の値段が上がり過ぎており、景気悪化で賃借人が賃貸料を払えなくなれば賃貸人への貸付けが一気に不良債権化すると、一部の投資家から恐れられていたのである。まさに商業版のサブプライム・バブルと言えるが、その破綻が現実味を帯び始めた。

すでにハイイールド債やレバレッジドローンの利回りが高騰し、債務者の負担は如実に増えているが、いずれ商業不動産の賃貸人も債務の返済に苦しむようになる可能性が高い。最悪の場合、大規模な金融危機に発展する。

ところで、ブルームバーグ（二〇二〇年四月二日付）が「クレジット市場の低迷による影響」と題したビデオ・ニュースで、厳しさを増すクレジット市場がおよぼす影響を、三つの理由で平易に解説しているので紹介したい。

①通常業務：給与支払いや工場建設などで資金が必要な時企業はクレジット市場に頼る。社債発行や短期債務のコストが高過ぎる場合や市場が停止している場合は、準備金かスタンドバイローン（信用状）を使うしかない

②倒産：借り入れ費用の高騰で、多くの企業は債務不履行に追い込まれる。特に、既存債務の利払いで手いっぱいの企業に影響する。もっと高い金利に借り換えれば、致命傷となる

③連鎖反応：失職や倒産は立ち退きや差し押さえにつながる。不動産担保証券に厳しい痛手となる。クレジット市場の低迷は住宅ローンの崩壊を招く。

ローン提供者がそうしたリスクを商品化して投資家に販売しなくなるからだ。結果、住宅所有者はローンの借り換えが困難になり、賃貸人にしわ寄せが行くかもしれない

アメリカのロサンゼルスに拠点を置く世界的な不動産投資会社コロニー・キャピタルの創業者で同社の会長とCEO（最高経営責任者）を務めるトーマス・バラック氏は二〇二〇年三月二二日、オンラインプラットフォームへの投稿で、アメリカのCMBS市場が破綻の瀬戸際にあると警告した。ブルームバーグ（翌日付）が引用している。

バラック氏は、新型コロナウイルスによってアメリカ経済が停止したことに伴う結果として、マージンコール（追証）と大量の差し押さえ、立ち退き、場合によっては銀行破綻という連鎖反応が起こる可能性を指摘。借り手のデフォルト（債務不履行）回避に向け、銀行と政府が迅速に行動しなければ、「大恐慌が小さく見えるほどの打撃もあり得る」（ブルームバーグ二〇二〇年三月二三日付）との認識を示した。

こうしたクレジット市場の動揺を受け、ＦＲＢは社債やＭＢＳ（不動産担保ローン証券）の買い入れを始め、なり振り構わぬ姿勢で事態の鎮静化に努めている。ただし、買い入れ対象にジャンク債が含まれていないなど、クレジット市場の混乱が終息する気配はない。

前出ゴールドマン・サックスのアナリストのように、市場関係者の間では「これからこそが最悪期だ」との声が漏れる。ＣＬＯには、企業向けのレバレッジドローンをまとめたものだけでなく、ＣＭＢＳで組成されているものも少なくない。これらは危機の際、おおよそ連鎖的に反応するため、「千丈の堤も蟻の一穴から」という諺の通り、ある企業のデフォルトをきっかけに金融上の大虐殺に発展する可能性は大いにある。

現在、世界経済はおよそ九〇年前の大恐慌に匹敵するほどの収縮に直面している可能性があり、今後も継続的に格下げやクレジット商品の価値下落が起こるはずだ。そうした状況下、貸出先のリスクは低いと言うものの、邦銀の国際与信残高（最終リスクベース）は四兆四五二三億ドルにのぼる。これら債権が今回の危機を無傷で乗り越えると考えるのは、あまりに楽天的だ。正直なところ、邦銀は好景気が続くことを前提に貸し出しの際に信用リスクを軽視した可能性もある。

晴れの日にイケイケで貸付けるのは簡単だ。しかし、今後は雨の日にいかに債権を回収するのが難しいかを身をもって感じるだろう。

第六章　すぐに銀行に走れ！

——生き残りたいのならば

現代社会の脆弱性に注意せよ

「次は、トイレットペーパーとティッシュペーパーが品薄になります。製造元が中国です」「品薄になる前に事前に購入しておいた方が良いですね」――二〇二〇年一月から世界的に感染が拡大した新型コロナウイルス「COVID-19」は、人々を恐怖と不安に陥れた。

その最中、とあるSNSに冒頭のような書き込みが投稿された。これが瞬く間に拡散されると、「マスクの次は紙類だ!」とばかりに買い占めが殺到、トイレットペーパーをはじめティッシュペーパー、キッチンペーパーから果ては女性用生理用品や乳幼児用おむつまで店頭から消える事態となったのである。

読者の皆さんにも、実際にスーパーの棚からトイレットペーパーが消えた現場を目にしたり、入荷日には開店前から店先に行列をなして紙類を買い求めたりという場面に遭遇した方もいるかもしれない。

「ウソから出た実《まこと》」という言葉があるが、この話はまさにそれにあたる。まず、トイレットペーパーの製造元は中国ではない。約九八％が国内生産であり、またティッシュも少し古い情報だが八割は国産である。さらに、その原材料となるパルプも輸入依存率はここ数年一七％程度で推移している。そして、輸入の内訳もアメリカが約三〇％、カナダが二五％弱、ブラジルが一七％弱と三国で過半を占めている。

また、「マスクとトイレットペーパーの原材料は同じ」という理由で品薄になるという情報も流れたがこれもウソだ。マスクに使われるのは「不織布《ふしょくふ》」と呼ばれる繊維で、近年では綿などの天然繊維ではなく、ポリエチレンやポリエステルなどの合成繊維が主流となっている。

つまり、マスク不足が原因でトイレットペーパーなどが不足するなどということは原理的にあり得えず、ＳＮＳに投稿されたこの情報は完全なる事実無根のデマだったのである。

しかし、現実にはトイレットペーパーをはじめとした家庭用の紙類は見事に店頭から消え、そして本稿を執筆している三月下旬時点でもいまだに不足が続く店や地域も多く存在するのである。ではなぜ、このような事態になっているのか。その原因は「物流」と「群集心理」にある。これは実は、現代社会が抱える脆弱性そのものともいうことができる。これらが狂い始めると、私たちの生活は即座に立ち行かなくなるのだ。

では、それぞれについて簡単に見て行こう。まず、原料も製造も国内がメインなのに、なぜトイレットペーパーなどが店頭に並ばないのかというと、「物流」がボトルネックになっているからだ。実は製紙工場の倉庫には大量の在庫がストックされ、出荷を待ちわびている。「品薄騒動」が勃発した三月上旬、ある製紙メーカーが倉庫の写真を公開したが、そこにはトイレットペーパーがそれこそ「うず高く」積まれていたのである。消費者の不安心理解消のため、製紙メーカーがＳＮＳでその様子を発信するや「やっぱりデマだったんだ！」という声と共に、「モノはあるんだから買い占めはやめよう」という声がネットを中心に数多く上がった。

しかし、それでも紙不足は解消されなかった。その理由は実に簡単、倉庫から店まで運ぶ「物流」が追い付いていないためだ。紙類輸送の現場を担う運送業者からは悲鳴に似た声も聞こえてきている。あまりにも配送注文が多いため、一日に何度配送してもまったく終わりが見えてこないのだ。そのため何日も家に帰れず、トラックで寝泊まりするドライバーも多いという。

あるドライバーは、休日を返上しても間に合わず、日を追うごとに注文残が積みあがって行くといい、注文伝票が届くたびに「稼げる！」という喜びではなく、「またか……」という恐怖に似た感情が湧くそうだ。またある配送業者では、トイレットペーパーを運ぶトラックが数台なのに対して、もっともひどい時にはその一〇倍近い量が割り当てられ、気が遠くなると同時にその場にへたり込んだという。

こうした事態は、何もこのドライバーの会社だけのものではない。今や物流は深刻な人材供給不足なのである。少子高齢化で労働力が減少しているにも関わらずネット通販の隆盛による物流需要の激増、さらには物流各社による時間指定配送などのサービス高度化によって、圧倒的に物流供給力が不足しており、もはや慢性的かつ構造的な問題となっているのである。問題は非常に根が深く、とても一朝一夕で解決できる話ではない。

このような状況なのだから、当面は紙不足が続くだろうし、そしてひとたび買い占めが起きればいくら工場が生産しても品薄が解消しないという事態はこれからもたびたび起きることだろう。物流面の問題については、人々が買い占めを慎んで通常通りの消費に努めるしか解決の道はないのだ。

より厄介なのは人間の心理

買い占めによるモノ不足のもう一つの原因である「群集心理」は、さらに厄介である。人類誕生以来、生存競争を勝ち残るために獲得した性質であり、簡単に手放したりできるものではないからだ。

では、なぜ人々はデマだとわかるような情報を基に買い占めに走るのだろうか。そして「群集心理」がそれにどう関わっているのだろうか。それについては、新潟青陵大学大学院教授（社会心理学）の碓井真史氏の解説がわかりやすい。まず、デマが広がるにはいくつかの条件が必要だ。その要素は次の三つである。

①重要であること：生命や財産、政治から、行き付けの店など、当人にとって重要な事柄ほど、デマが発生しやすい

②あいまいさ：よくわかっていないことに対しデマが発生しやすい。たとえば、起きたばかりで正式な発表もマスコミの報道もない状態もこれにあたる

③不安：人々の不安が高いほど、デマは発生し拡散する

日本での新型コロナウイルスの感染拡大過程では、①生命に関わる問題に関連して、今や日常生活では欠かせないトイレットペーパーなどの紙類について、②感染拡大でマスクの需給がひっ迫する中、他の製品についても状況が錯綜する状態で、③健康面、生活面での影響がどこまで広がって行くかわからない漠とした不安が高まっている時期に格好の的となる情報がどこからともなく発生

し、広がって行った。こうして見て行くと、まさしく条件通りの状況だったわけだ。

こうしたデマの流布は、東日本大震災や阪神淡路大震災、さらに遡ればオイルショックなどの時にも起きたことだ。多くの国民は、そうした「デマの記憶」を持っているわけだが、なぜか私たちは性懲りもなく何度もデマに翻弄され続けている。別に現代の日本人に限った話ではない、古今東西あらゆる人々が同様にデマに踊らされ続けてきた。これには、人間の心理に根源的な原因があるためだ。

心理学の専門用語になるが、「原因帰属理論」「認知的不協和理論」というものがある。「原因帰属理論」とは、身の回りに起きる出来事などについて原因を推測するという人間の心理で、非常に乱暴だが一言で言えば「人間とは物事の原因を知りたがる生き物」ということだ。「認知的不協和理論」とは、矛盾することがら（認知）を同時に抱えた状態（認知的不協和）に置かれると、人間は不快を感じ、それを解消するために自分の態度や行動を変えるとする理論だ。

有名な例として「喫煙者の不協和」というものがある。

ある喫煙者Ａは常習的にタバコを吸う（認知一）が、一般的にタバコは健康に悪く病気になりやすいことが知られている（認知二）。この喫煙者Ａは二つの認知によって矛盾を抱えることとなるため、矛盾を解消するため何らかの行動をし、認知の変更をしようとする。常識的に考えれば、禁煙をして（認知一）を変更することが合理的である。しかし喫煙は、ニコチン依存の度合いが強いため実行には大きな苦痛が発生する。そこで（認知一）を変更する代わりに（認知二）を変更するという行動に出るのだ。具体的には、「喫煙者でも健康、長寿の人もいる」「喫煙での死亡率より交通事故の方が死亡率は高い」という、「必ずしもタバコは体に悪くない」という言い訳をし、「タバコは体に悪い」という認識をすり替える手に出るのだ。

こうした、「自分にとって苦痛が伴う行動を避けて言い訳じみた認知のすり替えを行なう」という行動は、存外多く行なわれる。一九九七年に地下鉄サリン事件を引き起こしたオウム真理教でも、熱狂的な信者ほど脱会せず、逆に狂信的に教団を信じようとしたという。これは、自分が長年かけて信じ込んできた教団・教義を否定する（つまり自分の人生の大部分を自己否定することになる）苦痛より、教団が犯罪に手を染め、教義そのものが間違っているという「世間の正しい指摘」を否定する方が、当人にとって楽な「認知的不協和」の解消法だからだ。

このように、人間には「原因を知りたがる」「自分に都合のよい方を信じたがる」という傾向があり、これがデマを防止できない根源的要因なのだ。新型ウイルスの感染拡大によって心理的な不安感が増大すると、それを解消するために情報をかき集めて原因を特定し、対処方法を探るという行動に出る。そこまではよいのだが、さらにそこには「自分に都合のよい方を信じる」という心理が働く。先述した碓井教授は、そうした心理を総合して災害時などに以下のような心理が働くと指摘している。

①不安を解消するため、その原因となる情報を必要以上に欲するようになる
②自分が知った情報を人に伝達したいという欲求が高まる。その欲求は、災害

対策など自分が有用と思った情報（本当は有用ではないかもしれない情報であっても）であるほど強くなる。なぜなら、それを伝えることで人々から自分が高く評価される期待が高まり、自己承認欲求も伝達欲求を後押しするためである

③不安状態にある人間は、その感情を正当化するためより誰かに話したいと考え、情報伝達を欲する（たとえば、大事故に遭遇した人が興奮しながら知人に様子を伝えるなど）

④ある種の非日常感による興奮状態に陥るため、冷静さを欠き真偽の判断力が低下する

「不安」は、このように人間をミスリードする要因となるわけだが、これ以外にも人間が持つ感情がデマ拡散を助長するという。東京大学准教授の関谷直也氏は、「怒り」そして「善意」もデマを加速させると指摘する。新型ウイルスや大震災など人智がおよばない災害においては、得体が知れないという「不安」に加え、いつ事態が収まるかという「怒り」、さらには少しでも人の助けになる

よう有益な情報を伝えようとする「善意」が事態をさらに複雑にし、人々から冷静な判断を奪うというのだ。

こうした心理作用は、人類が進化の過程で種の保存に有利であるがゆえに獲得した性質と考えられる。つまり、こうした心理作用とそれに基づく人間の行動は、少なくとも数千年単位で変わらないということで、これからもデマによる社会混乱はつきないというわけだ。

そして、ひとたびデマが拡散し、事実を形成してしまう（たとえばコロナウイルスによってトイレットペーパーが店頭からなくなる）と、そもそもデマを信じていない人も行動に出ざるを得なくなる。なぜなら、デマを見抜いたところで自分に実害が出る（モノが買えなくなる）恐れが出てくれば、悠長に構えてなどいられないからだ。結果、大半の人が同じような行動（買い占めなど）に走ってしまう。こうして雪だるま式にデマ情報が事実として定着・強化され、自己実現的に「ウソが実《まこと》」になってしまうのだ。

コトは突然、大した意味もなく起きる

私は長年、国家破産や世界的恐慌を研究する中で、こうした不安や怒り、善意などがデマを加速させ、やがてパニックに陥った群集が悲惨な事態を引き起こした事例について歴史上においてイヤというほど見てきた。大方の場合、善意の誰かが推測や勘違いに基づく間違った情報を流し、それが拡散する過程で要らぬ尾ヒレや背ビレがつき、最終的には制御不能の巨大怪魚のごとく人々を飲み込んで行くという流れだ。

こうした話は往々にして、小さく始まりやがて色々なところに飛び火しながらより重大で深刻な問題に発展して行くものである。今回も、マスクの枯渇から始まった「買い占め騒動」は、トイレットペーパーやティッシュペーパーなどの紙類に飛び火した。

さらに面白い（と言っては不謹慎だが）ことに、三月中旬にはスーパーで納

が売り切れるという事態にもなった。納豆の一大生産・消費地である茨城県が新型コロナウイルス感染者を長く出さなかったことで、「納豆が対策に効果があるのでは」という連想を呼び、人々が殺到したのだという。しかし結局、茨城県でも感染者が続出し、「納豆伝説」はただのデマであることが露見した。というより、そもそも日本全国で納豆は消費されているわけで、何ら科学的根拠もない話であることはちょっと考えればわかりそうなものである。しかし、こんな話ですら人々が容易に殺到するということは、それほど人々の間に言い知れぬ不安が渦巻いているということだ。

となれば、パニック的行動は次なるステージに移行する可能性が極めて高いということだ。そのターゲットは生活必需品や日用品という可能性もあるが、私は事態がより深刻な方向に進むと踏んでいる。具体的に言うと、次にくるのは「現金の枯渇」である。つまり、人々がトイレットペーパーに殺到したように、銀行やATMに殺到して現金を引き出そうとするということだ。要は、「取り付け騒ぎ」である。

取り付け騒ぎは、銀行をはじめとした金融機関にとってもっとも恐るべき事態の一つだ。銀行は、預金や融資、決済といったサービスを提供するが、これらサービスを成立させるためにもっとも重要なことは「信用」である。約束通りにサービスを提供してくれること、こと預金に関して言えば「いつでも、だれでも、預けたお金を確実に引き出せる」ことが重要だ。利用者がそれを信用している限り、預金の仕組みが破綻することはない。

一方、第一章で説明した通り、銀行には全預金者の一斉引き出し要求に対応できる現金はないため、万が一何かの拍子に預金者が引き出しに殺到すれば預金サービスを提供できなくなる。取り付け騒ぎとはまさにそういう事態であり、経営上何ら問題のない金融機関が、デマや流言をきっかけに取り付け騒ぎに巻き込まれ、破綻に追い込まれた例すらあるのだ。

今回の「コロナショック」では、すでにアメリカで一部金融機関に取り付け騒ぎが起き、金融規制が布かれている。私はこの流れが日本に飛び火することを極めて憂慮している。それは、「金融版　トイレットペーパー不足」というような一時の現金争奪パニックに留まらず、より深刻な事態を引き起こし私たちの大切な財産すら奪われかねないためだ。

こんな話をすると、「浅井さん、いくら何でもそこまではなるわけないでしょ」「どこかで政府が介入して食い止めるだろうし」などと反論をされる方も多いことだろう。しかし、その考えは極めて危険だ。

ちょっと振り返ってほしい。もうすでに皆さんは、マスクやトイレットペーパーで経験ずみのはずだ。ちょっとした流言が意味もなく拡散し、不安に駆られた人々が売り場に殺到し、結果としてモノがなくなったのだ。これと同じことが、現金で起きるだけだ。

もちろん、平時であればそんなバカなことは起きないし、恐らくほとんどの人はこう考えるだろう。「今やキャッシュレス経済だから現金需要などそれほどない」「ATMを置いているコンビニも多いから大丈夫」——まったくその通りである。ただしそれは社会に不安がなく、「すべての人が合理的に考え、行動する」時に限られる。

今は有事である。もし一部の人が不安に駆られ、「念のため」引き出しに行けば、銀行やATMに行列ができるだろう。それを見とがめた人たちは不安心理を加速させ「自分もおろそう」と殺到する。やがてメディアやSNSがその様子を取り上げ、事態が拡散されると、引き出しに向かう人は加速度的に増大する。どこか一ヵ所ででも「引き出せない」という事実が生まれれば、立派な「取り付け騒ぎ」の完成だ。事態収拾のため政府が金融庁を動かし、金融機関の全面閉鎖を実施することになる。そして、最後までお金をおろしに行かず、手元の現金がなくなった人が一番ワリを食うことになるのだ。

さらには、このようなパニックを想定して政府が先手を打つ可能性も考えられる。コトが騒動に発展してから対処すると、人々には深刻な負の感情が刻まれ、金融機関や民間企業も大きなダメージを負う。政府にとっても「無能」の烙印を押され、政権運営が難しくなる。となれば、コトが起きる前に規制をかけ、取り付けができないようにしようとするかもしれない。そうなれば、「取り付け騒ぎ」ならぬ「取り付け『られぬ』騒ぎ」が起きるかもしれない。

国家とは、常に国民心理を先回りするものである。特に金融インフラは、国家の威信に関わるものであり、最悪の事態を避けるためには強権的な施策に出ることも珍しくない。取り付け騒ぎの危険があれば、引き出し制限や一部金融機関の窓口閉鎖などで対処するのは危機対応としてごく当然のことである。よって、もし「取り付け騒ぎ」や「取り付け『られぬ』騒ぎ」に対処するならば、人の一歩も二歩も先んじて取り組まなければならない。

銀行預金が抱える第二、第三の危機

このように、大切な資産の預け先である銀行預金は、「コロナショック」の到来によって今非常にきわどい状況にあるわけだが、新型コロナの騒動が終息すればそれで一件落着かと言えば、実はそうではない。銀行預金は、これからさらに深刻な状況に陥る危険性が高いのだ。それは、「世界大恐慌」そして「国家破産」によって、銀行に預けた資産が消失するという事態だ。

先ほど、取り付け騒ぎが一時的なパニックに留まらず、より深刻な事態を引き起こしかねないと指摘した。それは、まさに「コロナショック」発の大恐慌突入という事態である。前章で触れた通り、邦銀は長引く低金利で運用難にあえいでおり、高リスクな債券を大量に保有することで何とか少ない利潤を確保し凌いでいる。もしここに取り付け騒ぎが起き、実際にどこかの銀行が破綻すればどうなるか。破綻した銀行は、清算手続きによって抱えていた大量の債券を安値で売りに出すことになる。これによって債券価格が下落すれば、他の金融機関の債券評価額も下がり、経営危機に陥る金融機関が続出するだろう。

金融危機の到来である。金融機関は軒並み閉鎖し、資金繰りに行き詰まった民間企業によるドミノ倒しの連鎖倒産が起きることだろう。倒れたドミノから浮かび上がるのは、まさに「大恐慌」という名の地獄絵図だ。大恐慌によって破綻する銀行が続出すれば、私たちの預金もただでは済まない。ペイオフ対象外の資産などは、確実に多大な損失をこうむることになる。

さらに恐ろしいのは、国家破産だ。すでに周知の通り、日本の政府債務はもはや絶望的な額に膨れ上がっている。今すぐに国家破産に繋がらずとも、新型コロナ対策、さらには恐慌対策で財政出動を余儀なくされ、債務残高は加速度的に積みあがるだろう。恐慌から若干の間をおいて、いよいよ日本の国家破産が現実のものになる日が必ずやってくる。財政健全化のため、国家の生き残りのため、政府はあらゆる手立てを用いるだろう。年金カットや大増税はもちろんのこと、「国民資産の没収」も当然行なうことだろう。

第二章で述べたように、一九四六年、太平洋戦争に敗戦した日本は、財政立て直しのために預金を封鎖して、さらにその封鎖預金のうちの大口預金に関しては大幅に切り捨てるという「事実上の預金没収」を行なった。それと同じことが、次の国家破産で起こらないという保証はどこにもない。むしろ、政府は積極的に資産没収しようと考えるのが自然だろう。

そのとき、あなたの大切な銀行預金は政府によって凍結され、手出しできないうちに没収されてしまうのだ。資産防衛を考えるなら、こうした事態に巻き込まれることは何としても避けなければならない。

本来あるべき対策とは

ということで、預金を預けっぱなしにしている読者の皆さんに本章の表題を送りたい。「すぐに銀行に走れ！」と。ただし、先んじて一点指摘しておきたい。それは、「コトが迫ってから対策するのでは本当は遅すぎる」ということである。

仮に今からあなたが銀行に走ったとしても、すでに取り付け騒ぎが始まっているのなら、空振りに終わってしまうかもしれない。あるいは、その行動が取り付け騒ぎのきっかけを作ってしまうかもしれない。成果が得られないばかりか、パニックに加担する可能性すらあるわけだ。

もちろん、だからと言って引き出しをあきらめるというわけには行かないのだが、しかし本来ならこうした対策は日頃から行なっておくべきものだ。「災害が発生したら現金が不足するかもしれない」と考え、先んじて用意しておくのが対策の王道である。地震がきてからヘルメットを買いに行くようでは（その後の余震や建物崩壊対策などには役立つかもしれないが）遅すぎるというのと同じことだ。

では、具体的にはどのような対策をしたらよいのか。それは、これから起きることを想定して先手を打つことである。本稿執筆時点の三月下旬では、新型コロナウイルスの世界的感染拡大によってパニック的な状況が世界各地で散見されている。これがいよいよ実体経済に深刻な打撃を与えることになれば、次にくるのは先ほど解説した通り「世界大恐慌」だ。そして、多少の時間をおいていよいよ事態は最終局面「日本国破産」へと向かうだろう。つまり、「コロナパニック」「世界恐慌」「国家破産」という三つの大波を想定して対策して行くことが重要となってくる。

ここからは、それぞれの局面において必要な対策をざっと見て行こう。

①パニック対策

新型コロナウイルスの大流行によって世界中に起きたことを総合すれば、おおよその対策は想像がつくだろう。まずは「**備蓄の確保**」だ。生活必需品や日用品は、日頃から少々多めに在庫を持っておくことだ。今回深刻な品不足となったマスクや紙類に留まらず、薬や洗剤、保存が効く乾麺やパスタ、レトルト食品、缶詰など食料品をある程度の量確保することだ。消費期限や賞味期限と普段の消費ペースを考慮して、可能であればそれぞれ一～三ヵ月分程度の備蓄が確保できると非常に安心だ。

私は、日頃からこうした備蓄を欠かさず行なっている。そのおかげで、マスクや紙類にはまったく困らなかったし、持っていない社員には支給して対策の万全を期することすらできた。他にも、細かい例だが講演会や講演収録などでのどを酷使するため、のど飴も大量に備蓄しているし、お気に入りの銘柄の入浴剤なども多くストックしている。これらはあくまで一例だが、こうした備えが「イザ」という時非常に役立つ。

また、ある程度まとまった額の「**現金を手元に確保しておくこと**」も重要だ。会社や事業を経営している方の場合は、特にパニック時には現金がモノをいう局面が増える。企業の場合は預金を一部おろし、手元においておいた方がよい。もし、外出禁止令が出て社員がテレワークなどを余儀なくされ、また銀行が閉鎖された場合でも、社員の給与を現金支給したり、業者への支払いができるようにするためだ。有事の「カネ払い」の良さは実は非常に重要で、その後の信用や事業運営にも大きく影響するため、特に対策しておきたいところだ。

もちろん、個人であっても同様で、自宅に金庫を置くか、隠し場所をうまく作って現金を管理することが重要である。ただし、金庫は「ここに金《カネ》がある」と泥棒に教える効果もあるため、できれば防盗金庫と呼ばれる、容易にこじ開けられないものの用意したい。ただ、防盗金庫は極めて重く大きく、専門業者に設置を委託する必要があり、費用や手間がかかる。設置が難しい場合は、通常の耐火金庫をわかりづらい場所に設置し、床や壁に内部からボルト留めするなどの次善策をとるとよいだろう。こうした対策は、行く行く恐慌対策や国家破産対策にも活きてくるため、積極的に検討していただきたい。

「パニック期」の対策として、よく話にのぼるのが株やファンドといった金融

それぞれの局面で適切な対策を

パニック期

「備蓄の確保」
「まとまった額の現金を手元に確保」

恐慌期

「株の売却」
「不動産の売却」
「資産の一部を現金化」
（美術品、骨董、高額の嗜好品など）

国家破産期

「海外口座への外貨預け入れ」
「海外ファンドの保有」
「外貨現金の保有」

資産、あるいは金《きん》（ゴールド）やダイヤなどの現物資産を現金化した方がよいかという点だ。こうした対策は、基本的にパニック期に積極的に行なう必要はない。ただ、その次に到来するであろう「恐慌期」の対策として検討を始めるのがよいだろう。

具体的には、保有株式を頃合いを見て手放す、金《きん》を一部売却して保有割合を減らすといったことだ。パニック期にはこうした資産の価格も急変するため、タイミングを見計らう必要はあるが、その後のことを考えれば有効な手と言える。

②恐慌対策

本稿執筆時点で、もっとも注力すべきがこの「恐慌対策」だ。前述した通り、パニック対策については実はもはや機を逸しているわけだが、それでもより深刻な事態に備えて遅ればせながらでも対策は進めたほうがよい。一方の恐慌対策は、まさにこれから到来する危機であり、早急に対策を進めればかろうじてまだ間に合う。逆に今このタイミングを逃せば、もう対策はできないかもしれない。私の書籍を何冊かお読みいただいたことのある読者は、恐慌対策についてもお読みになっていることと思うが、まだ対策が進んでいないという方は、ぜひ早急に取り組んでいただきたい。

さて、具体的な恐慌対策について、ここでは紙幅の都合上重要なものをかいつまんで紹介して行く。より詳しく対策法を知りたい方は、拙著『株大暴落、恐慌目前！』『二〇二〇年の衝撃』（第二海援隊刊）を参照していただくことをお勧めする。

恐慌対策においてまずもっともわかりやすくかつ重要なのは、「**株式の売却**」である。極めて基本的なことだが、恐慌時には九五％以上の銘柄が大暴落する。上場銘柄すべてが紙キレになるといったことはさすがにあり得ないが、三割、四割の下落は当たり前で、モノによっては九割以上の下落といったこともあり得る。したがって、そうなる前に何としても手を打っていただきたい。現状含み損であったとしても、直近の高値を見極めて手放すべきだ。

また、パニック相場が解消すると一時的に株価が続伸、急騰する局面も出てくるが、迂闊に株を買ってはいけない。本格的な恐慌相場は、ある日突然やってくる。その時に株を持っていたのでは甚大なダメージを受けることは必至だからだ。

そして、いよいよ恐慌相場が到来したら、その後には絶好のチャンスが到来する。ほぼすべての株が投げ売りされ、「歴史的買い場」になるからだ。もちろん、恐慌相場は二番底、三番底があるため本当の底入りまで慎重に見極める必要があるが、その後は銘柄を問わず全面的に株価上昇基調に乗ることができる。その時には、大いに株に取り組むとよいだろう。

次に、株と並行して検討すべきは、**「不動産の売却」**だ。株式のようにある日突然急落する危険は少ないが、恐慌の到来によって不動産価格も長期的な下落が避けられない。特に日本は少子高齢化で住宅需要は先細りの一方である。外国人需要や再開発などで局所的には需要が高まる地域や物件もあろうが、総じて下落した価格が戻ることは期待しづらい。さらに、不動産は株と違ってすぐに買い手が付かない可能性も考えられるため、基本的になるべく早い時期に売却することをお勧めする。

自宅も基本的に同様で、自宅に資産価値を期待せず「道具」「消耗品」として割り切るなら売らなくてもよいが、資産価値を期待するなら早いうちに売ってしまうことだ。特に、住宅ローンを抱えている場合には、さらにリスクが高まる恐れがあり要注意だ。恐慌後に訪れる国家破産的状況においては、高インフレそして金利上昇という現象が起きやすい。当然、住宅ローン金利も上昇することとなり、最悪の場合、返済ができなくなって家を手放さざるを得なくなるのだ。実際、アジア通貨危機の直撃を受けた一九九八年の韓国では、住宅ローン金利が三〇%にも跳ね上がり、多くの人々が家を手放したという。

また、資産の一部を「**現金化して保有**」することもしっかり備えていただきたい。「キャッシュレス決済」がブームとなっている現在では、「いまさら現金？」という疑問も湧くかもしれない。しかし、結局のところ本当の有事には現金が最強の資産になる。恐慌によって金融システムが混乱し、一時的に機能停止することがあっても、私たちは生活を続ける必要があるし、モノの売買は発生する。キャッシュレスではそんな局面には到底対応できないが、現金があれば難なく乗り切ることができるだろう。

具体的には、日本円を生活費の数ヵ月分程度持っておけば安心だ。恐慌対策だけに特化するなら、外貨現金は不要だ。ただ、後述する国家破産対策まで視野に入れるならこの機会に外貨現金を保有するのもよいだろう。もちろん、保管場所には細心の注意を払っていただきたい。

原則的に、**「現物資産についてはすべて売り」**である。美術品や骨董、高額の嗜好品なども、恐慌が到来すればその価値は著しく下がることとなる。近年、新たな投資対象として注目を集めたワインやウイスキー、高級時計、ビンテージカーなどもこれに該当する。単なる趣味や道楽であればともかく資産価値を期待する場合には、とにかく先んじて現金化しておくことが恐慌対策の王道だ。

ただし、現物資産にも一部例外はある。**「金《きん》とダイヤは原則として継続保有」**がよい。「有事の金《きん》」の言葉通り、恐慌時にはリスク回避のため金《きん》への買いが集まりやすい。同じ貴金属類でもこうした現象は金《きん》に固有と言ってよい傾向であり、現物資産では唯一積極的に保有すべきものである。

ただ、恐慌時の金《きん》は少し複雑な動き方をする。具体的には、恐慌突入後すぐの時期には、金《きん》は急落することも珍しくない。投資家筋において、株式や債券などの暴落によって急激な現金需要が発生し、一時的にまとまった量の金《きん》を手放して現金を確保するといったことが行なわれるためだ。ただ、この価格急落は株式よりもかなり早い時期に回復する。世界的にみても金《きん》需要は依然高く、目先の安値を拾う投資家や金融機関がこの下落局面で買いを進めるためだ。したがって、金《きん》価格の急落時に金《きん》買いを進めるのも面白いやり方だろう。

恐慌時には、金融機関の破綻など最悪の事態も想定される。そこで、「**資産の預入先を分散**」することも重要な対策となる。日本の金融機関は、長引く低金利で経営が厳しく、恐慌が破綻への「最後のひと押し」になる危険があるが、実は海外金融機関も注意が必要である。リーマン・ショックの際には、優良と目されていた金融機関がいくつも危機的状況に追い込まれた。平時には「優良」

とされる銀行でも、イザ恐慌になるとどうなるかはわからないわけだ。

したがって、国内外問わず、すべての銀行にリスクがあるという前提で臨むべきだろう。具体的には、どこか一ヵ所に集中させず、国内外の複数の銀行にバランスよく分散して預け入れることだ。この時、ペイオフ制度で保障されるように工夫することも押さえておきたい点だ。海外銀行でもペイオフがある銀行も多いため、きちんと確認して対策することをお勧めする。

また、銀行以外に証券会社の証券口座や、海外ファンドへの直接投資も資産の分散保管として有効である。こうしたものをうまく活用して、しっかりと対策を進めていただきたい。

③国家破産対策

恐慌対策にある程度目処が付いたら、国家破産対策にも着手しておくことをお勧めしたい。恐慌と国家破産では、実はお金の動き方がまったく異なる。具体的には、恐慌時にはデフレ基調になるのに対し、国家破産時は原則としてインフレになりやすいのだ。したがって、対策によっては真逆の効果を発揮することとなり、一つの方法で両方に対応するが難しいものもある。ただ、行く行くは国家破産への対策も必要となってくるため、そのことを念頭に置いた対策を進めていただきたい。

まず、国家破産時にもっとも注意すべきは「日本円の価値下落」である。それはインフレ、高金利という形で現れることとなる。また、日本の財政が破綻すると、莫大な政府債務をチャラにすべく「大増税」や「徳政令」が実施されることとなる。こうした事態に大いに役立つのが、「海外の活用」だ。

具体的には、**「海外口座への外貨預け入れ」「海外ファンドの保有」「外貨現金の保有」**が極めて有効な手となる。まず、**「海外口座」**だが、これは単純な話で海外にある銀行に自分名義の口座を作るというものだ。ただ、海外銀行であればどこでもよいというものではない。銀行の健全性やその国の安定性の他、預入条件などの開設要件、また口座開設後のメンテナンスを考えて日本語対応がしっかりしている銀行を選ぶべきである。

こうした条件に合致する銀行は思いの外少なく、また近年では金融規制の強化により外国人の口座開設ができるところもだいぶ減っている。恐らく、世界的な金融規制の潮流から考えて、海外口座の保有はますます厳しい方向に進むと思われるため、保有を検討している方は早急にアクションを起こした方がよい。また、すでに口座を保有している方も、十分なサービス内容の銀行であればなるべく口座を維持しておいた方が後々のためになるだろう。

私が長年注目してきたニュージーランドやシンガポールでは、現在でも要件を満たした銀行での口座開設が可能な他、ハワイにも条件に適う銀行がある。ただし、銀行にはそれぞれその国の法律などに基づいた細かい違いがあり、口座開設後も適切に対応して行かないと最悪預金が没収扱いになるなど重大な問題につながりかねない。もし、ご自身ですべてに対応する自信がないという方は、海外口座に詳しいアドバイザーに相談した方がよいだろう。紙幅の都合上ここでは紹介しないが、私が主宰する会員制投資助言クラブ「ロイヤル資産クラブ」「自分年金クラブ」では、海外口座に関するアドバイスも行なっているため、興味がある方はぜひ活用していただきたい（会員制クラブに関する詳細は巻末二三七ページを参照）。

次に**「海外ファンドの保有」**だが、これは日本国内の金融機関で買付け可能なものではなく、海外のファンド会社に直接申し込んで買付けするものを指す。国内金融機関で買付けするものは、政府の監視下に置かれる資産となるため、増税や徳政令によって徴収の直接的な対象となるが、海外のファンド会社で直接申し込んだものについては当局が直接徴収することができないため、有効な国家破産対策になり得るのだ。

海外ファンドと一言で言っても、様々な運用戦略や投資性向があるため、適切に選択する必要がある。たとえば、市場が安定的に推移している時に堅実な収益を期待できるもの、短期的には大幅な下落リスクがあるものの大きな収益獲得も期待でき投資妙味にあふれるもの、恐慌時などのパニック相場に強みを発揮し収益期待が高まるものなど、実に様々な個性的なファンドがあるのだ。

こうした性質をよく理解し、自身の投資余力や投資性向に合わせて複数のファンドを組み合わせ、保有することが資産防衛のキモとなる。もちろん、ご自身ですべて理解し、また海外とのやり取りができれば言うことはないが、そうした知識やノウハウを一人で蓄積するのはなかなか大変である。ここもやはり専門的な知識と経験を持つアドバイザーを活用するのがよいだろう。前述した会員制投資助言クラブ「ロイヤル資産クラブ」「自分年金クラブ」は、まさにこの海外ファンドの投資助言を専業としている。海外ファンド活用に関心がある方は、ぜひとも一度ご相談いただきたい。

「外貨現金の保有」も、国家破産への対策としてはぜひ行なっておきたいものだ。これは資産を保全・防衛するというよりも、どちらかと言えば国家破産の混乱期をサバイバルするためのものとして捉えるべきだろう。国家破産時には、円の価値が著しく低下し、相対的に外貨の価値が上昇する。そこで、外貨現金を必要な分だけ両替して使うことで、手元現金の減価リスクを回避するのだ。

また、国家破産の究極の混乱期には米ドルが使えるようになることが多い。専門用語で「ドル化」と言われる現象だが、学術的にも認められており、また私が取材・研究した破産国家ではいずれもこの現象が起きている。

さて、具体的な話に移ろう。用意する外貨は米ドルだけでよい。逆に、他の外貨現金は原則不要だ。金種は可能な限り細かい方がよい。一ドルや二ドルを中心に用意すべきだ。一〇〇ドル札などは有事の時には円換算でかなりの大金になるため、かえって扱いづらくなるため要注意だ。目安としては生活費の三～六ヵ月分程度もあれば十分だろう。持ちすぎはかえって危ない。ドサクサの時期に頻繁にドルを使っていると、かえって目立ってしまい強盗などのターゲットにされてしまうためだ。

外貨現金の入手先だが、銀行や空港などの両替所を使う他に、金券ショップなども外貨取り扱いを行なっている。郵送での両替なども行なってくれるため、目的などに合わせてうまく使うとよいだろう。また、近年では外国人観光客の増加によって、大都市圏を中心に市中にも外貨両替所や両替機が登場している。一ドルなどの小額紙幣は一時に大量に入手することは難しいため、日頃からコツコツと両替して準備を進めることが重要だ。

さらにうわてを行く「ピンチをチャンスに変える方法」

さて、ここからは「恐慌や国家破産といった有事を逆手に取る」という、さらに一歩進んだ対応法を二つ紹介して行く。

逆転の策① 恐慌に強い「海外ファンド」

私がまずお勧めしたいのが、「恐慌に強い海外ファンドを保有する」というやり方だ。海外ファンドと一口に言っても、実に多彩な運用戦略があるわけだが、その中でも恐慌相場において逆に収益期待が高まるのが「MF戦略」を採用しているファンド（MF戦略型ファンド）だ。これを保有しておけば、ピンチをチャンスに変えることも可能となるのだ。

このMF戦略を簡単に説明しよう。正式には「マネージド・フューチャーズ」戦略と呼ばれる運用戦略で、先物（フューチャーズ）取引をある管理手法（マネージド）を使って行なうという方法だ。ここで挙げた管理手法とは「トレンドフォロー」と呼ばれるもので、相場の方向をコンピュータで管理し、上昇相場では買い、下落相場では売りの自動売買をするという「トレンド後追い作戦」を行なう。一般的には、数百もの先物市場に分散投資し効率よく収益を狙って行く。

先の金融危機が起きた二〇〇八〜〇九年にかけては、この「ＭＦ戦略」が海外ファンドの様々な戦略の中でもほぼ唯一と言ってよい、極めて優れた成績を挙げた。さらに遡ると、９・11やＩＴバブル崩壊、最近では二〇一四年の原油暴落などの局面でも収益を上げており、実力は折り紙付きだ。きたるべき大恐慌にも再び輝きを放つことが大いに期待される。

もちろん、ＭＦ戦略型ファンドとて万能ではない。先の金融危機以降は、二〇一四年と二〇一九年を除くと概ね横ばいで、ひたすら忍耐を強いられる状況である。したがって、継続的な収益を期待するのではなく、恐慌相場や大下落相場での収益積み上げに期待するのが適切だろう。

逆転の策② 究極の投資「オプション取引」

次に紹介する方法は、世にある様々な投資方法においても「ピンチをチャンスに変える」という意味においては究極の投資法と言えるものだ。その威力は絶大で、ハッキリ言って他の投資法と比べると雲泥の差だ。たとえば、前述したMF戦略の海外ファンドでは数ヵ月内に二〇〜三〇%という収益が期待される。株式投資の場合、株価が一〇倍にも伸びるお宝銘柄（「テンバガー」と呼ばれる）があり、投資妙味がある。しかし、オプション取引はわずか数日（場合によってはたった一日）のうちに数十〜数百倍、さらに局面次第では一〇〇〇倍以上もの収益を叩き出すことすらあるのだ。

こうした大きな利幅は、恐慌時などの「大荒れ」相場で生まれやすい。しかも、相場が暴落局面であっても、逆に急反騰の局面であっても、収益を得ることが可能である。これは大きな魅力だ。二〇〇八年の金融危機時には一〇〇〇倍超の銘柄が誕生、また数百倍に達した銘柄も複数あった。また、直近の「新型コロナショック」で大荒れした二〇二〇年二月〜三月の相場急変でも、数百倍という急騰銘柄が続出している。当然、次なる恐慌相場においても同様の（あるいはそれ以上の）大きなチャンスが到来するわけで、これを生かさない手はないだろう。

オプション取引は、このような非常に大きな収益機会があり魅力的な反面、実は損失機会も多いため細心の注意が必要な投資だ。うまく損失を限定しながら取引して行くことを、特に意識しなければならない。また、オプション取引は非常に特徴的な値動きと特殊な仕組みがあるため、それを正しく理解してからでないと小さい利益ですら得ることはおぼつかない。もし取り組むのであれば、十分に知識を身につけ、実戦経験をコツコツと積み上げることが重要だ。

ただ、そうした努力を払う価値は十二分にある。何しろ投資額の数十〜数百倍の利益が期待できるのである。恐慌の大パニックを逆手に取るなら、これ以上のものはないだろう。

なお、ごく初歩的な基本知識から知りたいという方は、拙著『10万円を10年で10億円にする方法』（第二海援隊刊）をお勧めする。また、「オプション取引」

は独学で取引の習熟まで進むのは実はかなり難しい。そこで、私が主宰する「オプション研究会」の活用もお勧めする。まったくの初心者でも基本的なことから懇切丁寧に指導し、取引ができるようになる上、相場急変時には推薦銘柄やタイミングなどの投資情報も配信している。専門スタッフの知見を活用すれば、独学よりもはるかに早く習熟し、次の恐慌相場でチャンスをものにすることすら可能だろう。詳しくは二四四ページをご参照いただきたい。

恐慌時の極意――あなたを助けてくれるもの

新型コロナウイルスの大流行（パンデミック）によって、今や世界経済は大恐慌という地獄の門をくぐりつつある状態にある。国家レベルの大規模な経済対策が各国で続々と打ち出されているものの、これが奏効して経済が好転する可能性は極めて低いだろう。何しろ、世界中で移動制限や外出禁止令が発動され、著しく消費が冷え込んでいるのだ。いわば経済の窒息状態であり、それはコロナウイルスの感染終息まで続くだろう。錯綜する多くの情報を整理して行くと、一説には夏頃まで世界的な感染拡大が続き、その間経済打撃は累積して行くとの見立てもあり、そうなればもはや世界恐慌は不可避である。

こんな見通しを示されると、読者の皆さんもさぞ気が滅入ることだろう。正直、もはや「お先真っ暗」という気分かもしれない。しかしながら、このような「有事」は一〇年に一度程度は起きるものである。東日本大震災や阪神淡路大震災、あるいはリーマン・ショックやバブル崩壊を経験した方ならおわかりだろう。ある出来事を境に、世の中の雰囲気というものは突然変化し、人によってはその影響が直撃して生活が著しく困難になったりもする。

しかし、適切な対策を怠りなくしておけば、それほど心配にはおよばないものである。ウイルス対策については本書のメインテーマではないので置いておくが、大恐慌やその後にくるかもしれない国家破産に対しては先述したような対策をきちんと行なっておけば、過度に心配する必要はないのだ。対策をしっかり講じ、後は気持ちをゆったりと持ち、世の中の状況を見極めながら明るい気持ちで日常生活を営むことだ。

ウイルス対策には免疫力がモノをいう。資産に対して憂いのない状態になれば、ストレスも軽減し免疫力にも良い影響をおよぼす。その意味でも、ぜひとも早急に対策を進めていただくことをお勧めする。

最後に「とっておきの話」をすることにしよう。

実は、一部の賢い読者はすでに気づいていることと思うが、人類の作ったものに永遠なものはないし、絶対のものもない。人類が必死に築き上げてきた「文明」そのものも大して強固なものではなく、逆に極めて脆弱なものだ。今回のコロナ騒ぎで、そのことがバレてしまった。よく考えてみれば、過去のすべての文明は廃墟になっているではないか。すべて時間の経過とともに亡び去っているのだ。ということは、ニューヨーク・マンハッタンの摩天楼も将来必ず古代遺跡になるということだ。

ましてや、現代の高度な金融システムというのは、難解かつ不可思議なだけでなく、極めてもろい代物なのだ。いわば、人々の共同幻想の上に成り立っている〝砂上の楼閣〟である。

そこでさらに賢い読者はハタと気づいたことであろう。高度でハイテクなものほどもろいということは、原始的で本源的なものの方が絶対的に強いし安全だということを。

私が何を言いたいのか。つまり、こうしたパニック的な恐慌の時には「現金」ほど強いものはないのだ。金融恐慌の行き着く先は、いつも決まって銀行への取り付けであり、その前に現ナマ＝本物の一万円札を手元にタンマリ置く人だけが助かる。そして三年間はそのままじっと待っていてほしい。三年経って何もなければ、また元の銀行口座へ戻せばよい。それが「極意」というものだ。

もう一つ重要なことがある。あまり自慢話的なことは言いたくないが、私は数年前から書籍、レポート、講演会で「二〇二〇年には恐慌がくる‼」とずっと言い続けてきた。ウソだと思うなら、二〇一九年に発刊した『株大暴落、恐慌目前！』と『二〇二〇年の衝撃』（共に第二海援隊刊）の二冊を書店で見つけて読んでほしい。つまり、証拠と実績があるのだ。実はこうした時代を生き残るには本物の情報が必要なのだ。私が発刊する会員制情報誌『経済トレンドレポート』では二〇一九年の後半から「恐慌警報」を何回かに分けて流し続けてきた。皆さんが生き残りたいのであればこのレポートは必読だ（詳しくは巻末二三五ページ参照）。

これから、生き残りをかけた壮大なサバイバルゲームが一〇年は続く。ぜひ、本物の情報を入手されて生き残られんことを祈念する!!

エピローグ

人生最大の金融危機に今すぐ備えろ‼

私たちは今、「恐慌」経由「国家破産」という前代未聞の出来事の直前に生きている。その前兆が、今回の株の大暴落というわけだ。

こうした時代には資産はいとも簡単に失われる。そして多くの人々が阿鼻叫喚の中で没落して行く。しかし、こうしたことは滅多に起きないので、人々は事前に手を打とうとしない。特に日本人はお上《かみ》がなんとかしてくれるだろうという幻想を強く抱いている。しかし、巨大トレンドが襲来した時は、政府にも何人にもその巨大な流れを止めることはできないし、全員が救済されることもあり得ない。この世のすべてが結局が自己責任であり、自業自得なのだ。

大きな〝経済災害〟が近づいているのに気付かないというのも自己責任の世界であり、財産を失うのも自業自得なのだ。だから、そうした事態の襲来を他人より早く気付いて素早く手を打たねばならない。結局のところ、財産を守るのも早い者勝ちであり、先手必勝の世界である。

もしも数ヵ月後、一年後に本物の金融危機がやってきたら、全財産つまり全預金を銀行から引き出した方がよい。さらに用心深い方は、今から預金の三分の一はおろしておいた方がよいかもしれない。恐慌本番あるいは全預金引き出しのタイミングなどは私が発刊する『経済トレンドレポート』（巻末二三五ページ参照）の「特別警報」で発表するので参考にしていただきたい。

いずれにしてもこの危機をあなたが上手く乗り切ることができれば、二、三年後には素晴らしい朝日を拝めるはずだ。本書を基に危機をチャンスに変えていただきたい。ご武運を祈る‼

二〇二〇年四月吉日

浅井　隆

■今後、『世界同時破産―2020年後半～21年の悪夢』『大不況生き残りマニュアル』（すべて仮題）を順次出版予定です。ご期待下さい。

浅井隆からの重要なお知らせ

——恐慌および国家破産を勝ち残るための具体的ノウハウ

厳しい時代を賢く生き残るために必要な情報収集手段

日本国政府の借金は、先進国中最悪でGDP比二四〇%に達し、太平洋戦争終戦時を超えていつ破産してもおかしくない状況です。国家破産へのタイムリミットが刻一刻と迫りつつある中、ご自身とご家族の老後を守るためには二つの情報収集が欠かせません。

一つは「国内外の経済情勢」に関する情報収集、もう一つは「海外ファンド」や「海外の銀行口座」に関する情報収集です。これらについては、新聞やテレビなどのメディアやインターネットでの情報収集だけでは十分とは言えません。

私はかつて新聞社に勤務し、以前はテレビに出演をしたこともありますが、その経験から言えることは「新聞は参考情報。テレビはあくまでショー（エンターテインメント）」だということです。インターネットも含め誰もが簡単に入手できる情報でこれからの激動の時代を生き残って行くことはできません。

皆さんにとって、もっとも大切なこの二つの情報収集には、第二海援隊グループ（代表：浅井隆）が提供する特殊な情報と具体的なノウハウをぜひご活用下さい。

◆〝恐慌および国家破産対策〟の入口「経済トレンドレポート」

皆さんに特にお勧めしたいのが、浅井隆が取材した特殊な情報や、浅井が信頼する人脈から得た秀逸な情報をいち早くお届けする「経済トレンドレポート」です。今まで、数多くの経済予測を的中させてきました。

そうした特別な経済情報を年三三回（一〇日に一回）発行のレポートでお届けします。初心者や経済情報に慣れていない方にも読みやすい内容で、新聞やインターネットに先立つ情報や、大手マスコミとは異なる切り口からまとめた情報を掲載しています。

さらにその中で恐慌、国家破産に関する『特別緊急警告』『恐慌警報』も流しております。「激動の二一世紀を生き残るために対策をしなければならないことは理解したが、何から手を付ければよいかわからない」「経済情報をタイムリーに得たいが、難しい内容にはついて行けない」という方は、まずこの経済トレンドレポートをご購読下さい。経済トレンドレポートの会員になられますと、講演会など様々な割引・特典を受けられます。詳しいお問い合わせ先は、㈱第二海援隊まで。

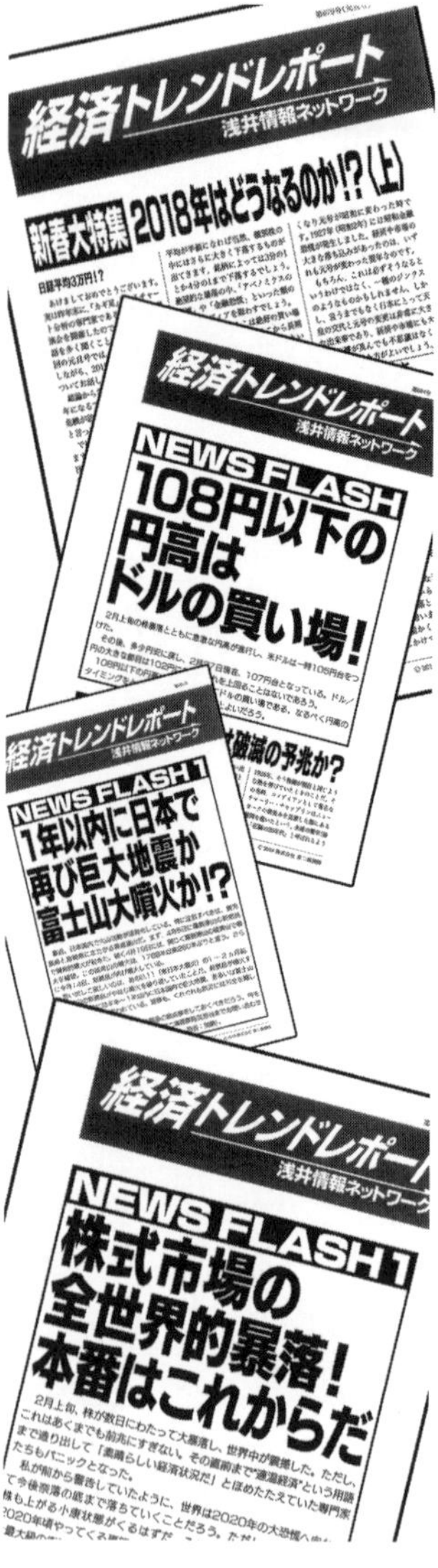
経済トレンドレポート
浅井情報ネットワーク
新春大特集 2018年はどうなるのか!?（上）
経済トレンドレポート
浅井情報ネットワーク
NEWS FLASH
108円以下の
円高は
ドルの買い場!
経済トレンドレポート
浅井情報ネットワーク
NEWS FLASH 1
1年以内に日本で
再び巨大地震か
富士山大噴火か!?
経済トレンドレポート
浅井情報ネットワーク
NEWS FLASH 1
株式市場の
全世界的暴落!
本番はこれからだ

◆恐慌・国家破産への実践的な対策を伝授する会員制クラブ

国家破産対策を本格的に実践したい方にぜひお勧めしたいのが、第二海援隊の一〇〇%子会社「株式会社日本インベストメント・リサーチ」(関東財務局長(金商)第九二六号)が運営する三つの会員制クラブ(「自分年金クラブ」「ロイヤル資産クラブ」「プラチナクラブ」)です。

まず、この三つのクラブについて簡単にご紹介しましょう。「自分年金クラブ」は、資産一〇〇〇万円未満の方向け、「ロイヤル資産クラブ」は資産一〇〇〇万～数千万円程度の方向け、そして最高峰の「プラチナクラブ」は資産一億円以上の方向け(ご入会条件は資産五〇〇〇万円以上)で、それぞれの資産規模に応じた魅力的な海外ファンドの銘柄情報や、国内外の金融機関の活用法に関する情報を提供しています。

恐慌・国家破産は、なんと言っても海外ファンドや海外口座といった「海外の活用」が極めて有効な対策となります。特に海外ファンドについては、私たちは早くからその有効性に注目し、二〇年以上にわたって世界中の銘柄を調査してまいりました。本物の実力を持つ海外ファンドの中には、恐慌や国家破産といった有事に実力を発揮するのみならず、平時には資産運用としても魅力的なパフォーマンスを示すものがあります。こうした情報を厳選してお届けするのが、三つの会員制クラブの最大の特長です。

その一例をご紹介しましょう。三クラブ共通で情報提供する「ATファンド」は、先進国が軒並みゼロ金利というこのご時世にあって、年率六〜七％の収益を安定的に挙げています。これは、たとえば三〇〇万円を預けると毎年約二〇万円の収益を複利で得られ、およそ一〇年で資産が二倍になる計算となります。しかもこのファンドは、二〇一四年の運用開始から一度もマイナスを計上したことがないという、極めて優秀な運用実績を残しています。日本国内の投資信託などではとても信じられない数字ですが、世界中を見渡せばこうした優れた銘柄はまだまだあるのです。

冒頭にご紹介した三つのクラブでは、「ATファンド」をはじめとしてより高い収益力が期待できる銘柄や、恐慌などの有事により強い力を期待できる銘柄など、様々な魅力を持ったファンド情報をお届けしています。なお、資産規模が大きいクラブほど、取扱銘柄数も多くなっております。

また、ファンドだけでなく金融機関選びも極めて重要です。単に有事にも耐え得る高い信頼性というだけでなく、各種手数料の優遇や有利な金利が設定されている、日本にいながらにして海外の市場と取引ができるなど、金融機関も様々な特長を持っています。こうした中から、各クラブでは資産規模に適した、魅力的な条件を持つ国内外の金融機関に関する情報を提供し、またその活用方法についてもアドバイスしています。

その他、国内外の金融ルールや国内税制などに関する情報など資産防衛に有用な様々な情報を発信、会員様の資産に関するご相談にもお応えしております。浅井隆が長年研究・実践してきた国家破産対策のノウハウを、ぜひあなたの大切な資産防衛にお役立て下さい。

詳しいお問い合わせは「㈱日本インベストメント・リサーチ」まで。

TEL：〇三（三二九一）七二九一　FAX：〇三（三二九一）七二九二
Eメール：info@nihoninvest.co.jp

オプション・デイトレ集中セミナー

「六章に出てくる日経平均オプションって面白そうだなぁ」と興味を持った方の中には、「でも実際のところ、何から始めたらいいの？」といきなりつまずいた方も多いかと存じます。なにしろ、オプション取引は独学しようにも他の投資法に比べて書籍などの情報が少なく、また内容も簡単なものから難解なものまで様々です。また、オプション取引を使ったデイトレード（デイトレ）という、やり方次第ではとても面白い方法もあるのですが、実はデイトレについても、いろいろな手法があり過ぎる一方、詳しい解説が少ないものも多く何からどう手を付けてよいか迷ってしまいます。知っておくべきことや準備が必要なことが多いにも関わらず、習得に役立つ情報がなかなか見当たらないといった側面が「オプション取引」そして「デイトレ」にはあり、そのためイザ取り掛かろうしても何をしてよいか迷ってしまうわけです。

そこで、本書を手に取り「自分も日経平均オプションに挑戦してみるか！」とお考えの方に、「オプション取引」と「デイトレ」を実践するにあたって必要な知識・道具・考え方（心得）を短期間で網羅するための特別な勉強会「オプション・デイトレ集中セミナー」（全三回）を今秋開催いたします。
◆オプション・デイトレ集中セミナー（全三回）日程
第一回　二〇二〇年一〇月中旬（予定）
第二回　二〇二〇年一一月中旬（予定）
第三回　二〇二〇年一二月上旬（予定）
　各日とも一一時～一六時（途中一時間休憩あり）
参加費　二〇万円（全三回 部分参加は原則不可）
※二〇二〇年五月、六月、七月に予定しておりました集中セミナーは、新型コロナウイルス感染拡大を受けて上記日程に延期といたしました。
また、セミナーに先立ってまず「日経平均オプション」についてお知りにな

りたい方は、『10万円を10年で10億円にする方法』（第二海援隊）にてわかりやすく概要を紹介していますのでご一読ください。また、オプション取引を使ったデイトレードの魅力については『デイトレ・ポンちゃん』（第二海援隊）で紹介していますので合わせてご参考ください。

これからの時代、老後資金は年金をお上からもらうことを待っているだけではなく、自身でも工夫をして生み出して行くことが必須となります。「オプション」「デイトレ」といった方法もそのための選択肢の一つとして大いに活用を検討したいところです。本セミナーをご活用いただき、ぜひ有効な情報をご入手下さい。

◆オプション・デイトレ集中セミナー説明CD 発売

「オプション・デイトレ集中セミナー」に興味はあるものの、今少しセミナーの概要について詳しく知りたい向けに「オプション・デイトレ集中セミナー説明CD」を発売いたします。全三回で開催する「オプション・デイトレ集中セミナー」でどのような内容に触れるのか、またオプション・デイトレの習得を加速させるためにどう役立つのかをわかりやすく解説していきます。

ＣＤでは、「オプション・デイトレ」の他にも、「オプション取引」の習熟を全面支援し、また取引に参考となる市況情報なども発信する「オプション研究会」についても解説いたします。また、日本の財政危機に備える資産防衛法を助言する「ロイヤル資産クラブ」「自分年金クラブ」についても説明予定です。

日本が抱える借金の規模は、太平洋戦争の末期を超えようとしています。年金や医療などの社会保障制度の崩壊に際し、自分で自分の年金を稼ぎ資産を守り、さらに殖やして行くことが必要な時代が到来します。ぜひ奮ってご聴講ください！

※本ＣＤは二〇二〇年四月二七日開催予定（新型コロナウイルス対策のため中止）であった「オプション・デイトレ集中セミナー説明会」での講演内容と同等となります。

「㈱日本インベストメント・リサーチ　オプション・デイトレ集中セミナー説

明会」担当　山内・齋藤
TEL：〇三（三二九一）七二九一　FAX：〇三（三二九一）七二九二
Eメール：info@nihoninvest.co.jp

「オプション研究会」好評始動中!!

リーマン・ショックから一〇年あまり。市場はすさまじい恐慌相場による教訓を忘れ、一部では溢れかえる金融緩和マネーの流入によってバブル経済を引き起こしつつあります。世界経済は次なる暴落局面に向けて着々とエネルギーを蓄えているかのようです。しかし、こうした相場大変動の局面は「オプション投資」にとっては千載一遇の大チャンスにもなり得ます。

このチャンスをしっかりとモノにできれば、サラリーマンは資産家に、そして小金持ちは大富豪になることすら夢ではありません。ただ、この好機をつかむためには、オプション取引の基本を理解し、暴落相場における収益シミュレーションを入念に行なって、いざコトがはじまった時にすぐさま対応できるように準備を整えることが何より重要です。またこうした準備は、なるべく早いうちに行なうことが成功のカギとなります。

そこで今回、浅井隆自らがオプション投資の魅力と活用のコツ、そしてそれを実践するための基本から、暴落時の投資シナリオに至るまでの必要な知識と実践法を伝授し、そしてイザ大変動が到来した際は、投資タイミングに関する情報も発信する新たな会員制クラブ「オプション研究会」を二〇一八年一〇月一日に発足しました。募集早々からお問い合わせが殺到し、第一次募集の定員一〇〇名と、追加枠の一〇〇名の合計二〇〇名についても満員となりました。その後しばらくはキャンセル待ちとなっておりましたが、現在は若干数のお席が用意できる状態となっております。ただ、こちらも応募の殺到が予想されますので、お早めのお申し込みをお奨めします。

ここで「オプション取引」についてご存じない方のために、ごく簡単にその魅力の一端をご紹介します。

まず、投資対象は大阪取引所に上場されている「日経平均オプション」という金融商品で、ある将来時点での日経平均株価を、あらかじめ決まった価格で「買う」または「売る」ことのできる権利を売買する取引になります。投資に少し明るい方や投資本などからは「リスクが高く難しいプロ向けの投資法」という指摘がありますが、これは「オプション取引」の一側面を説明しているに過ぎません。実は基本的な仕組みとリスクの高いポイントを正しく理解すれば、リスクを限定しつつ、少額から投資して資金を数十～数百倍にもすることが可能となる、極めて魅力的な投資法となるのです。

オプション取引の主なポイントは以下の通りです。

①取引を権利の「買い建て」に限定すれば、損失は投資した額に限定され、追証が発生しない（つまり損失は限定）

②数千もの銘柄がある株式投資と異なり、日経平均の「買う権利」（コール）を買うか「売る権利」（プット）を買うかなので、ある意味単純明快

③日本の株価がいつ大きく動くのか、タイミングを当てることが成否の最大のポイント

④給与や年金とは分離して課税される（税率約二〇％）
⑤二〇二〇年に入って株式相場は激動期に突入しつつあり、これからオプション取引は人生最大のチャンスになる！

「オプション研究会」では、オプション投資はおろか株式投資の経験もないという方でも、チャンス到来の時にはしっかりと取引を行なって収益機会を活用できることを目指し、懇切丁寧に指導いたします。もちろん、オプション取引は「誰でも簡単に投資し、利益を得られる」というものではありませんが、「一生に一度」にもなるかもしれない好機をぜひ活かしたいという意欲があれば、必ずやこのクラブを通じてオプション投資の基本を習得し、そして実践できるだけの力を身に付けていただけると自負いたします。また、大きな収益期待がある投資方法は、それに伴うリスクにも十分に注意が必要となりますが、その点についてもクラブにて手厚く指導いたしますのでご安心下さい。

ご関心がおありの方は、ぜひこのチャンスを逃さずにお問い合わせ下さい。

「㈱日本インベストメント・リサーチ オプション研究会」担当　山内・稲垣・関

ＴＥＬ：〇三（三二九一）七二九一　ＦＡＸ：〇三（三二九一）七二九二
Ｅメール：info@nihoninvest.co.jp

◆浅井隆が詳説！「オプション研究会」無料説明会ＤＶＤ

オプションに重大な関心を寄せているものの、どのようにしてオプション投資にとりかかればよいかわからないという方のために、浅井隆自らがオプション投資の魅力と活用のコツ、そしてそれを実践するための専門的な助言クラブである「オプション研究会」の内容を詳しく解説した無料説明会ＤＶＤを頒布いたします（内容は二〇一八年一二月一五日に開催した説明会を収録したものです）。「書籍を読んだけど、今少し理解を深めたい」「浅井隆からのメッセージを直接聞いてみたい」という方は、ぜひこの機会にご入手下さい。なお、音声のみをご希望の方にはＣＤの頒布もございます。

「オプション研究会 無料説明会 受講ＤＶＤ／ＣＤ」
（収録時間：ＤＶＤ・ＣＤとも約一六〇分）

価格：特別DVD……三〇〇〇円（実費 送料込）
　　　　　CD……二〇〇〇円（実費 送料込）

※ DVD・CDとも、お申し込み確認後約一〇日でお届けいたします。

「オプション研究会 無料説明会 受講DVD」に関するお問い合わせは、

㈱日本インベストメント・リサーチ オプション研究会 担当」まで。

TEL：〇三（三二九一）七二九一　FAX：〇三（三二九一）七二九二

Eメール：info@nihoninvest.co.jp

◆「ダイヤモンド投資情報センター」

現物資産を持つことで資産保全を考える場合、小さくて軽いダイヤモンドは持ち運びも簡単で、大変有効な手段と言えます。近代画壇の巨匠・藤田嗣治は第二次世界大戦後、混乱する世界を渡り歩く際、資産として持っていたダイヤモンドを絵の具のチューブに隠して持ち出し、渡航後の糧にしました。金《きん》だけの資産防衛では不安という方は、ダイヤモンドを検討するのも一手でしょう。

しかし、ダイヤモンドの場合、金《きん》とは違って公的な市場が存在せず、専門の鑑定士がダイヤモンドの品質をそれぞれ一点ずつ評価して値段が決まるため、売り買いは金《きん》に比べるとかなり難しいという事情があります。そのため、信頼できる専門家や取扱店と巡り合えるかが、ダイヤモンドでの資産保全の成否の分かれ目です。

そこで、信頼できるルートを確保し業者間価格の数割引という価格での購入が可能で、ＧＩＡ（米国宝石学会）の鑑定書付きという海外に持ち運んでも適正価格での売却が可能な条件を備えたダイヤモンドの売買ができる情報を提供いたします。

ご関心がある方は「ダイヤモンド投資情報センター」にお問い合わせ下さい。

ＴＥＬ：〇三（三二九一）六一〇六　担当：大津

◆『浅井隆と行くニュージーランド視察ツアー』

南半球の小国でありながら独自の国家戦略を掲げる国、ニュージーランド。

浅井隆が二〇年前から注目してきたこの国が今、「世界でもっとも安全な国」として世界中から脚光を浴びています。核や自然災害の脅威、資本主義の崩壊に備え、世界中の大富豪がニュージーランドに広大な土地を購入し、サバイバル施設を建設しています。さらに、財産の保全先(相続税、贈与税、キャピタルゲイン課税がありません)、移住先としてもこれ以上の国はないかもしれません。

そのニュージーランドを浅井隆と共に訪問する、「浅井隆と行くニュージーランド視察ツアー」を毎年一一月に開催しております。現地では浅井の経済最新情報レクチャーもございます。内容の充実した素晴らしいツアーです。ぜひ、ご参加下さい。

TEL:〇三(三二九一)六一〇六　担当:大津

◆浅井隆のナマの声が聞ける講演会

新型コロナウイルス感染拡大を受け、二〇二〇年上半期(東京・四月二八日〈火〉、大阪・四月三〇日〈木〉、福岡・五月一日〈金〉)の著者・浅井隆の講演会をCD受講に切り替えました。「株価大暴落、銀行封鎖、不動産壊滅…あなたの生き残る道は？」というテーマで浅井隆自らが語るCDです。ぜひお求めください。また、四月上旬現在、札幌・七月三日（金）のみ講演会の開催を予定しております。経済の最新情報をお伝えすると共に、生き残りの具体的な対策を詳しく、わかりやすく解説いたします。

活字では伝えることのできない肉声による貴重な情報にご期待下さい。

また、「新型コロナウイルス発生！　どうする日本⁉　どうなる二〇二〇年！」というテーマにて、

『浅井隆の緊急メッセージDVD／CD』（価格：DVD、CD共八〇〇〇円〈送料込・会員割引あり〉）、

『中森貴和氏（帝国データバンク）×浅井隆緊急対談CD』（価格：二万円〈送料込・会員割引あり〉）

を販売中です。お早めにお求めください。

詳しいお問い合わせ先は、㈱第二海援隊まで。

■第二海援隊連絡先
TEL：〇三（三二九一）六一〇六　FAX：〇三（三二九一）六九〇〇
Eメール：info@dainikaientai.co.jp
ホームページアドレス：http://www.dainikaientai.co.jp/

◆第二海援隊ホームページ

また、第二海援隊では様々な情報をインターネット上でも提供しております。詳しくは「第二海援隊ホームページ」をご覧下さい。私ども第二海援隊グループは、皆さんの大切な財産を経済変動や国家破産から守り殖やすためのあらゆる情報提供とお手伝いを全力で行ないます。

また、浅井隆によるコラム「天国と地獄」を一〇日に一回、更新中です。経済を中心に、長期的な視野に立って浅井隆の海外をはじめ現地生取材の様子をレポートするなど、独自の視点からオリジナリティ溢れる内容をお届けします。
ホームページアドレス：http://www.dainikaientai.co.jp/

〈参考文献〉

【新聞・通信社】


『日本経済新聞』『朝日新聞』『産経新聞』『毎日新聞』『日刊工業新聞』

『ブルームバーグ』『ロイター』『時事通信』『共同通信』


【書籍】

『世界大恐慌』（秋元英一著　講談社）
『アメリカ市場創世記――1920～1938年大恐慌時代のウォール街』
（ジョン・ブルックス　パンローリング）

【拙著】

『大恐慌サバイバル読本』（第二海援隊）
『最後のバブルそして金融崩壊』（第二海援隊）『2010年の衝撃』（第二海援隊）
『世界恐慌前夜』（第二海援隊）『2020年の衝撃』（第二海援隊）
『都銀、ゆうちょ、農林中金まで危ない⁉』（第二海援隊）
『10万円を10年で10億円にする方法』（第二海援隊）
『株大暴落、恐慌目前！』（第二海援隊）『私の金が売れない！』（第二海援隊）
『この国は95％の確率で破綻する‼』（第二海援隊）
『新型肺炎発世界大不況』（第二海援隊）

【その他】


『ロイヤル資産クラブレポート』『経済トレンドレポート』『明日への選択』

『週刊東洋経済』


【論文】

『金融大恐慌と金融システム』（菊池英博）

【ホームページ】


フリー百科事典『ウィキペディア』『ツイッター（Ｔｗｉｔｔｅｒ）』

『預金保険機構』『ＮＨＫ』『日本製紙連合会』『米国経済統計』『IIF』

『横浜国立大学経営学部』『新潟青陵大学』『広島大学』『TBSラジオ』

『東洋経済オンライン』『Yahoo!ニュース』『JBpress』『S&P』

『FRIDAY DIGITAL』『コトバンク』『man@bow』『世界史の窓』

『ウォールストリートジャーナル　日本語電子版』『JPモルガン』『LSTA』

『ニューズウィーク　日本語電子版』『ダウ・ジョーンズ・インディシーズ』

『大紀元時報』『中央日報　日本語版』『CHAIN NEWS』『NRI』

『サウスチャイナ・モーニング・ポスト』『全米日系人博物館』

『MY BIG APPLE － NEW YORK』『Benedict 地球歴史館』

『ルーズベルトのニューディールと第二次大戦』

〈著者略歴〉

浅井　隆（あさい　たかし）

経済ジャーナリスト。1954年東京都生まれ。学生時代から経済・社会問題に強い関心を持ち、早稲田大学政治経済学部在学中に環境問題研究会などを主宰。一方で学習塾の経営を手がけ学生ビジネスとして成功を収めるが、思うところあり、一転、海外放浪の旅に出る。帰国後、同校を中退し毎日新聞社に入社。写真記者として世界を股に掛ける過酷な勤務をこなす傍ら、経済の猛勉強に励みつつ独自の取材、執筆活動を展開する。現代日本の問題点、矛盾点に鋭いメスを入れる斬新な切り口は多数の月刊誌などで高い評価を受け、特に1990年東京株式市場暴落のナゾに迫る取材では一大センセーションを巻き起こす。
その後、バブル崩壊後の超円高や平成不況の長期化、金融機関の破綻など数々の経済予測を的中させてベストセラーを多発し、1994年に独立。1996年、従来にないまったく新しい形態の21世紀型情報商社「第二海援隊」を設立し、以後約20年、その経営に携わる一方、精力的に執筆・講演活動を続ける。2005年7月、日本を改革・再生するための日本初の会社である「再生日本21」を立ち上げた。主な著書:『大不況サバイバル読本』『日本発、世界大恐慌!』(徳間書店)『95年の衝撃』(総合法令出版)『勝ち組の経済学』(小学館文庫)『次にくる波』(PHP研究所)『Human Destiny』(『9・11と金融危機はなぜ起きたか!?〈上〉〈下〉』英訳)『あと2年で国債暴落、1ドル=250円に!!』『いよいよ政府があなたの財産を奪いにやってくる!?』『あなたの老後、もうありません!』『日銀が破綻する日』『預金封鎖、財産税、そして10倍のインフレ!!〈上〉〈下〉』『トランプバブルの正しい儲け方、うまい逃げ方』『世界沈没——地球最後の日』『世界中の大富豪はなぜNZに殺到するのか!?〈上〉〈下〉』『円が紙キレになる前に金を買え!』『元号が変わると恐慌と戦争がやってくる!?』『有事資産防衛　金か?　ダイヤか?』『第2のバフェットか、ソロスになろう!!』『浅井隆の大予言〈上〉〈下〉』『2020年世界大恐慌』『北朝鮮投資大もうけマニュアル』『この国は95%の確率で破綻する!!』『徴兵・核武装論〈上〉〈下〉』『100万円を6ヵ月で2億円にする方法!』『最後のバブルそして金融崩壊』『恐慌と国家破産を大チャンスに変える!』『国家破産ベネズエラ突撃取材』『都銀、ゆうちょ、農林中金まで危ない!?』『10万円を10年で10億円にする方法』『私の金が売れない!』『株大暴落、恐慌目前!』『2020年の衝撃』『デイトレ・ポンちゃん』『新型肺炎発世界大不況』(第二海援隊)など多数。

恐慌からあなたの預金を守れ!!

2020年4月30日　初刷発行

著　者　浅井　隆
発行者　浅井　隆
発行所　株式会社　第二海援隊
〒101-0062
東京都千代田区神田駿河台2-5-1　住友不動産御茶ノ水ファーストビル8F
電話番号　03-3291-1821　　ＦＡＸ番号　03-3291-1820

印刷・製本／株式会社シナノ

　ISBN978-4-86335-206-3
Printed in Japan

第二海援隊発足にあたって

日本は今、重大な転換期にさしかかっています。にもかかわらず、私たちはこの極東の島国の上で独りよがりのパラダイムにどっぷり浸かって、まだ太平の世を謳歌しています。

しかし、世界はもう動き始めています。その意味で、現在の日本はあまりにも「幕末」に似ているのです。ただ、今の日本人には幕末の日本人と比べて、決定的に欠けているものがあります。それこそ、志と理念です。現在の日本は世界一の債権大国（＝金持ち国家）に登り詰めはしましたが、人間の志と資質という点では、貧弱な国家になりはててしまいました。それこそが、最大の危機といえるかもしれません。

そこで私は「二十一世紀の海援隊」の必要性を是非提唱したいのです。今日本に必要なのは、技術でも資本でもありません。志をもって大変革を遂げることのできる人物と、それを支える情報です。まさに、情報こそ〝力〟なのです。そこで私は本物の情報を発信するための「総合情報商社」および「出版社」こそ、今の日本にもっとも必要と気付き、自らそれを興そうと決心したのです。

しかし、私一人の力では微力です。是非皆様の力をお貸しいただき、二十一世紀の日本のために少しでも前進できますようご支援、ご協力をお願い申し上げる次第です。

浅井　隆